LOS MISTERIOS DEL TITANIC

Historias impactantes y Datos Increíbles Acerca del Hundimiento más Famoso de la Historia

VICTOR TWITTY

Índice

Introducción   v

1. La Era Dorada De Los Transalineadores   1
2. La Idea Del Titanic   41
3. Salida De Puerto   71
4. Problemas Por Delante   105
5. Sobrevivir Y Morir En La Tragedia   137
    Conclusión   167

Introducción

Probablemente sepas algunas cosas sobre el Titanic, pero ¿qué es lo que realmente sabes?

Probablemente hayas leído un poco sobre el Titanic en una clase de historia y apuesto a que probablemente hayas visto esa película con uno de los actores más famosos y guapos de Hollywood. Seguro que te obligaron a verlo o tal vez te dormiste. Pero el punto es que ya sabes un poco sobre el Titanic.

Pero la realidad es que la mayor parte de lo que sabes sobre el Titanic probablemente se refiera al desastre real.

Desafortunadamente, eso es solo una parte de la historia.

Hay mucho más que aprender con varias preguntas que se plantearán.

Introducción

Por ejemplo, "¿cuánto tiempo se tardó en construir el barco?" "¿Cuántas personas participaron en la construcción?"

En este libro, también exploraremos cosas como lo que comieron los pasajeros antes del desastre y cubriremos algunas extrañas conexiones que el Titanic tenía con otro barco condenado.

¡Todas estas preguntas y más se responden en el siguiente libro de una manera animada que a veces lo pondrá en cubierta con los pasajeros de primera clase! Este libro devolverá la vida al Titanic como pocas otras historias del Titanic lo han hecho.

Aunque este libro sigue una cronología general de la vida del Titanic, se enfoca en temas y tópicos que no solo son históricamente importantes, sino también interesantes para ti, el lector en el siglo XXI. Sí, el Titanic se hundió hace poco más de 100 años, pero su impacto cultural continúa sintiéndose hoy en todo el mundo de muchas maneras, especialmente en películas y otros relatos ficticios.

En última instancia, el objetivo de este libro es enseñarle al lector sobre el Titanic de una manera entretenida y divertida.

Se divide en seis capítulos sencillos, cada uno con quince historias sobre el tema principal del capítulo.

Introducción

Ellos te presentarán los eventos y personas más importantes relacionados con la construcción del Titanic y su hundimiento final de una manera interesante. También te ayudarán a comprender los hechos de una manera que te permitirá discutirlos en tu próxima cena o clase de historia.

Cada capítulo también viene con una sección completa llena de hechos rápidos y sorprendentes para sorprender a tus amigos y algunas preguntas de trivia desafiantes para evaluar tus conocimientos.

Algunas de las cosas que aprenderás en este libro serán interesantes, desconcertantes e incluso extrañas, pero todas son ciertas.

Así que prepárate para responder a estas intrigantes preguntas... ¿Cómo surgió la idea de los barcos de vapor transatlánticos? ¿Dónde se construyó el Titanic? ¿Cuántas mascotas había en el Titanic? ¿Por qué algunas personas fueron héroes mientras que otras fueron ceros durante el desastre?

¡Y mucho, mucho más!

1

La Era Dorada De Los Transalineadores

LA HISTORIA del RMS Titanic comenzó años antes de su primer y trágico viaje final a través de las heladas aguas del Océano Atlántico Norte. El Titanic estaba en realidad al final de una era en la que los barcos de vapor de pasajeros transportaban pasajeros, correo y otras mercancías a través de los océanos Atlántico y Pacífico.

La era dorada de los transatlánticos fue impulsada por dos sucesos importantes que cambiaron el mundo en el siglo XIX: la Revolución Industrial y la inmigración de principalmente Europa y, en cierta medida, Asia, a los Estados Unidos. La invención de la energía a vapor condujo a la creación de barcos a vapor, que eran mucho más resistentes, más grandes y más rápidos que sus predecesores, los balandros impulsados por el viento. Casi inmediatamente después de su invención, los barcos de pasajeros a vapor podían atravesar el Atlántico en el lapso de dos o tres semanas en lugar de dos o tres meses.

La tripulación de este barco solo tenía que asegurarse de que hubiera suficiente carbón u otra cosa que quemar para mantener el motor en marcha.

La inmigración y la colonización siempre ayudaron a estimular la edad de oro de los transatlánticos.

Millones de inmigrantes de Irlanda, las Islas Británicas, Escandinavia y los reinos de habla alemana cruzaron el océano Atlántico durante el siglo XIX y principios del XX en transatlánticos. A menudo, como fue el caso en el Titanic, los inmigrantes se apiñaban en cabinas de tercera clase y los pasajeros más acomodados disfrutaban de las comodidades de la primera clase. Los transatlánticos también llevaron pasajeros hacia y desde las muchas colonias británicas en todo el mundo.

Es muy probable que si tú eres un estadounidense que lee esto, uno de sus antepasados llegó por primera vez a Estados Unidos a bordo de uno de estos tipos de barcos. ¡Afortunadamente para ti no fue el Titanic! (Creo que es obvio ya que muy probablemente no existirías.)

Alex Frey lo pone en marcha

. . .

Para entender el trasfondo del Titanic tenemos que mirar la historia de los transatlánticos y no puedes hacerlo sin hablar de Alex Frey (1765-1815). Frey fue un inventor estadounidense y un producto de la Ilustración y la Era Industrial y un hombre que cambiaría el mundo con sus inventos.

Frey era un muchacho precoz que mostró talento para la ciencia y la ingeniería a una edad temprana. Cuando cumplió veinte años, Frey se mudó a Europa, donde fue testigo y se benefició de primera mano de la Revolución Industrial. El joven Frey pudo observar las primeras máquinas de vapor, lo que le dio la idea de utilizarlas para propulsar barcos.

Ahora bien, debe señalarse que los primeros barcos y barcos a vapor comenzaron a navegar en las costas y ríos de Europa a fines del siglo XVIII, pero eran pocos y distantes entre sí.

Y por lo general eran empresas gubernamentales, lo que significaba que estaban fuera del alcance del público.

Con verdadero espíritu estadounidense, Frey decidió que construiría el primer barco de vapor comercial.

. . .

Cuando Frey regresó a los Estados Unidos en 1806, él y su socio Daniel Lionel construyeron el primer barco de vapor comercial, llamado North River Steamboat (más tarde rebautizado como Clermont). Frey y Lionel ofrecieron a los pasajeros una excursión de ida y vuelta desde la ciudad de Nueva York a Albany, Nueva York, por el río Hudson. El viaje de ida y vuelta de aproximadamente 300 millas tomó alrededor de sesenta horas, que es un tiempo increíblemente largo para los estándares actuales, pero no en 1807.

No sólo eso, ¡los pasajeros encontraron el viaje extremadamente relajante y placentero!

Frey pronto amplió sus operaciones y otros le seguirían, compitiendo para ser la primera oferta de servicio transatlántico de pasajeros a vapor.

¡La era del transatlántico había nacido oficialmente!

Cruzando el Atlántico

. . .

Aunque Alex Frey pudo haber abierto el camino en términos de la idea de los transatlánticos de pasajeros, subir y bajar ríos era muy diferente a cruzar el océano.

Durante las primeras décadas, los barcos de vapor se usaban principalmente en los ríos. Los empresarios siguieron rápidamente el ejemplo de Frey y construyeron barcos de vapor para los ríos Mississippi, Ohio y Missouri, pero la tecnología y los nervios de la gente tenían que ponerse al día antes de que los viajes transatlánticos se convirtieran en algo habitual.

Los barcos de vapor eran grandes y necesitaban mucho carbón para impulsar sus motores. ¡Y si se quedaban sin carbón en medio del Atlántico, tenían que depender de las velas para sacar el relevo!

En 1818, el barco de pasajeros Savannah salió de Savannah, Georgia y llegó a Liverpool, Inglaterra, veintisiete días después. El Savannah fue el primer barco en usar el título SS (barco de vapor), aunque era un híbrido. El Savannah funcionaba principalmente con velas, pero también tenía una máquina de vapor de noventa caballos de fuerza que impulsaba dos ruedas de paletas de dieciséis pies.

. . .

Los barcos híbridos de rueda de paletas y vela siguieron al Savannah durante la década de 1830 hasta que la hélice reemplazó a la impráctica rueda de paletas en la década de 1840. En la década de 1850, la mayoría de los transatlánticos usaban energía de vapor exclusivamente con una hélice de tornillo y los cascos de hierro reemplazaron a los cascos de madera.

A mediados del siglo XIX, los transatlánticos realizaban viajes transatlánticos regulares y, a fines del siglo XIX, se podía llegar a la mayor parte del mundo en barco de vapor.

La creación de los transatlánticos fue un verdadero salto tecnológico para la humanidad, pero no estuvo exento de problemas.

Primeros desastres marítimos

Cuando se considera el hecho de que millones de personas viajaron en transatlánticos a vapor desde mediados del siglo XIX hasta mediados del siglo XX y sólo unos pocos miles murieron en el barco, naufragios y otros desastres, entonces puede considerarse uno de los modos de viaje más seguros en la historia humana.

Esto era especialmente cierto si las compañías de línea de pasajeros tomaban las precauciones de seguridad apropiadas. Cientos de transatlánticos tuvieron problemas, pero como sus dueños tenían suficientes botes salvavidas y sus tripulaciones eran competentes, las bajas se redujeron al mínimo.

Sin embargo, la realidad es que los viajes en transatlántico eran un concepto nuevo en el siglo XIX y utilizaban nuevas tecnologías, por lo que los errores y los desastres estaban destinados a ocurrir. Quizás los propietarios y la tripulación del Titanic podrían haber estudiado algunos de estos desastres. O tal vez lo hicieron, pero el desastre golpeó al Titanic demasiado de repente.

En cualquier caso, estos son algunos de los desastres de transatlánticos más importantes antes del Titanic.

El SS Austria era un transatlántico de propiedad alemana y construido en Escocia que se votó por primera vez en junio de 1857. El 1 de septiembre de 1858, el Austria salió de Hamburgo, Alemania, en su tercer viaje a los Estados Unidos con 542 pasajeros, muchos de ellos inmigrantes.

Muchos de los inmigrantes fueron hacinados en la proa o cubierta inferior del barco, que en los primeros días de los transatlánticos servía como alojamiento para los viajeros inmigrantes más pobres. No era raro que las enfermedades y las dolencias aparecieran en las cubiertas de proa, por lo que las tripulaciones de los barcos a menudo fumigaban estas secciones utilizando métodos que hoy en día se considerarían poco éticos y ciertamente inseguros.

El 13 de septiembre, estando el barco en medio del Atlántico, la tripulación del Austria decidió fumigar la parte de proa sumergiendo una cadena caliente en un balde de alquitrán, pero la cadena cayó provocando un incendio que rápidamente envolvió toda la nave.

La mayor parte del barco se cubrió con el humo y aquellos que no sucumbieron al humo fueron envueltos en llamas.

Solo ochenta y nueve de los 542 pasajeros de Austria sobrevivieron.

El siguiente gran desastre marítimo que ocurrió fue el hundimiento del RMS Atlantic en 1873. El Atlantic era un barco de vapor de 600 caballos de fuerza con cuatro mástiles para vela y era propiedad de Línea Estrella Blanca, la que también sucedió ser la compañía del Titanic.

Pero llegaremos a la Línea Estrella Blanca un poco más tarde.

El 1 de abril de 1873, cuando el Atlántico se acercaba a Nueva York como lo había hecho en numerosas ocasiones antes, se topó con rocas cerca de Nueva Escocia, Canadá, y se hundió, matando a 535 de los 952 a bordo. El hundimiento del Atlántico fue el peor desastre marítimo de la historia.

Eso fue hasta 1898 cuando se hundió el trasatlántico francés La Bourgogne.

El La Bourgogne era un transatlántico extremadamente rápido para la época, viajaba a diecisiete nudos (veinte millas por hora), estableció un récord en 1886 por el viaje transatlántico más rápido realizado por un cartero.

Pero toda la velocidad del mundo no pudo salvar al La Bourgogne el 4 de julio de 1898 cuando chocó con otro barco en medio de una espesa niebla frente a la isla de Sable, Canadá.

La Bourgogne transportaba 506 pasajeros y 220 tripulantes, pero sólo 173 sobrevivieron. Sin embargo, de los supervivientes, sólo setenta eran pasajeros. Aunque los oficiales se hundieron con el barco y solo sobrevivió el sobrecargo, muchos de los no oficiales sobrevivieron y se dice que algunos abandonaron sus puestos.

Con 549 víctimas mortales, el hundimiento de La Bourgogne superó al Atlántico como el peor desastre marítimo de la historia.

Una red mundial

Hoy en día, podemos conectarnos con cualquier persona o cualquier idea en el mundo a través de Internet casi instantáneamente, pero la era de los transatlánticos fue el primer período verdadero de un mundo interconectado. Cierto, las conexiones tardaron semanas en lugar de segundos, pero era la primera vez en la historia que podías llegar a casi cualquier parte del mundo si tenías una cantidad mínima de dinero y tiempo.

Por supuesto, había una buena posibilidad de que te relegaran a la sección de tercera clase, pero incluso en la estrecha y algunas veces las entrañas del barco plagadas de enfermedades te garantizaban un viaje del punto A al punto B.

. . .

Dado que la mayoría de las principales compañías transatlánticas tenían su sede en Europa y Europa todavía era el centro de la estructura de poder mundial en ese momento, la mayoría de los principales puertos estaban en ciudades europeas, especialmente en Inglaterra. Liverpool, Southampton y Bristol fueron tres de los puertos más activos de Inglaterra, mientras que la ciudad irlandesa de Queenstown (hoy en día Cobh), también estaba llena de viajeros en un día cualquiera. Los puertos franceses de Le Havre y Cherburgo vieron bastante tráfico de transatlánticos, al igual que Hamburgo y Bremer refugio en Alemania.

Desde esas ciudades, los transatlánticos hacían sus viajes más comunes a través del Atlántico hasta la ciudad de Nueva York, trayendo una combinación de correo, turistas e inmigrantes en busca del sueño americano.

Los puertos más pequeños en el mar Mediterráneo a menudo son el punto de parada para los inmigrantes con destino a los Estados Unidos. Al igual que con las otras rutas, los barcos del Mediterráneo transportaban una combinación de cruceros de recreo e inmigrantes, pero generalmente se detenían en Francia o Inglaterra, donde los inmigrantes luego se trasladaban a otros barcos antes de continuar hacia América.

. . .

El Atlántico Sur también fue servido por muchas de las principales compañías transatlánticas. Olas de inmigrantes fueron traídas a Buenos Aires, Argentina y los colonos y funcionarios británicos fueron traídos y traídos de África.

Casi tan concurridas como las rutas del Atlántico Norte eran las rutas del Lejano Oriente, que cubrían una parte mucho más grande del mundo. Las rutas entre Gran Bretaña y Australia quedaron bien establecidas y se utilizaron con frecuencia a fines del siglo XIX y los transatlánticos cargados de inmigrantes chinos en la sección de tercera clase traían pasajeros de los puertos de Hong Kong y Shanghái a San Francisco.

Para 1910, las compañías transatlánticas habían creado realmente la primera red mundial con sus rutas que servían a la mayoría de las principales ciudades costeras del mundo.

Claro, está muy lejos de Internet, pero todo tiene que tener un comienzo, ¿verdad?

Barcos de correo real

. . .

Entonces aprendimos que SS significa barco de vapor, pero ¿qué pasa con RMS? RMS era un acrónimo de "Royal Mail Ship" o Royal Mail Steamer.

Ahora que eso está aclarado, probablemente te estés preguntando qué tiene que ver el correo real con el transatlántico o el Titanic. La respuesta es bastante simple: el gobierno británico contrató a muchos de los principales transatlánticos para entregar el correo a través del océano.

Recuerda, la era de los transatlánticos comenzó décadas antes del primer vuelo e incluso cuando el Titanic se hundió, todavía pasarían casi veinte años hasta que Frank Louis hiciera su vuelo a través del Atlántico.

La designación RMS comenzó por primera vez en 1840 para el gobierno británico, con barcos del gobierno para entregar el correo y se amplió en 1850 para incluir transatlánticos privados que fueron otorgados a través de contratos con el gobierno.

Durante la Primera Guerra Mundial y la Segunda Guerra Mundial, los barcos RMS a menudo se convirtieron en objetivos no deseados de los submarinos alemanes. Aunque los alemanes generalmente intentaron evitar torpedear los barcos de pasajeros, ocurrieron accidentes, como fue el caso del Lusitania.

Cuando el Titanic partió en su desafortunado viaje a través del Atlántico, estaba cargado de muchas cartas escritas por personas que preguntaban por sus seres queridos en el Nuevo Mundo.

Cuatro revestimientos de embudo

Si tuviera que dar una descripción física del Titanic basada en lo que sabe al ver imágenes de él en libros y documentales, o recreaciones de él en las películas, sin duda lo describiría como grande.

Pero probablemente lo más importante sería describir sus cuatro grandes chimeneas o embudos.

Los transatlánticos de cuatro embudos fueron el resultado de una necesidad debido al aumento del tamaño de los barcos en la época y también debido a la percepción del público. A medida que las compañías navieras construyeron barcos más grandes para albergar a más pasajeros, se necesitaron más calderas para impulsar los barcos y se necesitaron chimeneas más grandes para que escape el vapor. Estéticamente hablando, las pilas grandes comenzaron a verse como símbolos del poder y la habilidad de un barco, por lo que algunas compañías navieras incluso agregaron pilas falsas para parecer más grandes.

Si yo fuera psicólogo, creo que podría agregar aquí algún comentario ingenioso sobre el tamaño de las chimeneas de un barco, pero no lo soy, ¡así que sigamos adelante!

Aunque el SS Great Eastern, botado por primera vez desde Liverpool, Inglaterra en 1858, tenía cinco pilas, técnicamente seguía siendo un híbrido porque también tenía velas.

El primer verdadero barco de vapor de cuatro embudos fue el alemán SS Kaiser Wilhelm der Grosse.

El Wilhelm se lanzó por primera vez desde Bremen, Alemania, en 1897 y, al igual que el Titanic más tarde, el Wilhelm desapareció prematuramente cuando fue hundido por los británicos durante la Primera Guerra Mundial.

Dado que la operación de cuatro revestimientos de embudo era costosa, solo se construyeron catorce entre 1897 y 1922, y muchos, como el Wilhelm, se reutilizaron para la Primera Guerra Mundial.

. . .

Desafortunadamente para el Titanic, ella nunca conseguiría esa oportunidad.

Clase olímpica

Mientras las compañías de transatlánticos competían para construir los transatlánticos más grandes y grandes, a la compañía británica Línea Estrella Blanca se le ocurrió la idea de los barcos de vapor de pasajeros de "clase olímpica".

La idea era claramente un truco de marketing, ya que era solo un nombre para su clase más grande de barcos, el primero de los cuales era el Olympic. El Olympic se lanzó en 1911, seguido del Titanic en 1912 y el Britannic en 1915.

Esta línea catalogó a sus barcos de clase olímpica como los más grandes, rápidos y seguros en los mares y los más lujosos si pudiera pagar el boleto de primera clase.

Todos los transatlánticos de la Clase Olímpica de la estrella blanca fueron construidos con especificaciones similares y cada uno tomó alrededor de $7,5 millones (aproximadamente $200 mil millones en precios de hoy) para construir.

. . .

Todos eran cuatro vapores de embudo que funcionaban con motores alternativos de cuatro cilindros.

Todos los transatlánticos de la clase Olympic tenían unos 900 pies de largo y unos sesenta y cinco pies de profundidad. Cada uno tenía nueve cubiertas, siete de las cuales eran para pasajeros de primera, segunda y tercera clase. Los barcos podían transportar más de 3000 pasajeros, pero casi 900 de ellos serían miembros de la tripulación en cualquier viaje. Los barcos normalmente podían ir a más de treinta millas por hora.

Con buen tiempo

Uno de los principales puntos de venta de los barcos de la clase Olympic fue su diseño de última generación, que aparentemente tuvo en cuenta la mayoría de las características de seguridad.

Además de los cascos gruesos, cada barco tenía una "piel" interior alrededor de la quilla en caso de que se rompiera el casco exterior. Los barcos estaban compuestos por quince mamparos de acero en las cubiertas inferiores que dividían los cascos en dieciséis compartimentos estancos. Si se abrían brechas en los compartimentos, había bombas eléctricas para eliminar el agua y los compartimentos individuales podían sellarse con puertas automáticas.

En teoría, los barcos de clase olímpica podrían seguir navegando con cuatro compartimentos rotos.

Aunque los barcos de la clase Olympic estaban equipados con botes salvavidas, solo se instalaron veinte, tanto en el Olympic como en el Titanic porque se creía que eran casi insumergibles debido a las otras precauciones de seguridad.

Una empresa rentable

Puede ser útil ver la edad de oro de los transatlánticos como lo haría con la industria de las aerolíneas en la actualidad.

Dado que los transatlánticos eran el único medio de transporte en el que una persona podía viajar alrededor del mundo, se podía ganar bastante dinero construyendo los barcos y operando las líneas.

La competencia podía ser feroz y era principalmente entre empresas británicas y alemanas. Ambos países eran ricos y poderosos a fines del siglo XIX y principios del XX y, coincidentemente, ambos enviaron muchos inmigrantes a Estados Unidos, así como a Canadá, Australia y Argentina.

La construcción de estos barcos fue un esfuerzo titánico en sí mismo (sí, juego de palabras intencionado) en términos de dinero, tiempo y mano de obra. La principal empresa de construcción naviera en Gran Bretaña fue la empresa Harland and Wolff en Belfast, Irlanda del Norte. Harland and Wolff fue fundada por Alexandre Harland y el alemán Adolf Wolff en 1861 en Belfast. Los dos hombres construyeron una empresa que rápidamente se hizo conocida por construir los mejores barcos del mundo y la Línea Estrella Blanca le otorgó la mayor parte del negocio, sobre todo la construcción de sus barcos de clase olímpica.

Otra empresa británica de construcción naval notable fue Diego Bennett and Company, que construyó el RMS Lusitania. Pero nos ocuparemos de ella más tarde…

También había importantes empresas constructoras de barcos en Alemania y Francia.

Las empresas que en realidad poseían y operaban los transatlánticos eran entidades separadas. Al igual que con las empresas de construcción naval, las principales compañías navieras eran británicas y alemanas, aunque también había importantes empresas francesas e italianas.

En Gran Bretaña, las dos principales compañías navieras eran la línea Cunard y la Estrella Blanca. La línea Cunard comenzó en 1840 como un servicio de correo real propiedad de, y operado por el neoescocés Samuel Cunard.

A fines del siglo XIX, debido a la intensa competencia de otras líneas, la línea Cunard se vio obligada a modernizar su flota de barcos de vapor y ofrecer una combinación de viajes en clase de lujo y pasaje eficiente para inmigrantes.

Los principales rivales de Cunard eran las empresas alemanas, pero su mayor competencia fue la británica Línea Estrella Blanca.

La línea Estrella Blanca comenzó en 1845 cuando los fundadores Oscar Johnson y William Davies pensaron que sería una buena manera de capitalizar la fiebre del oro australiana.

A fines del siglo XIX, los ejecutivos de la Estrella Blanca se enteraron de que la verdadera fiebre del oro de ese período era la ola de inmigración que se dirigía a Estados Unidos, por lo que comenzaron a comprar barcos de vapor que podían transportar grandes cantidades de inmigrantes al puerto de Nueva York.

El ascenso de la Estrella Blanca a la cima del mundo del transporte marítimo se debió en gran medida a la visión de Theodore Ellis Taylor (1837-1899), quien se hizo cargo de la empresa en 1867. Dirigió con éxito la empresa desde su oficina de Liverpool, aumentando enormemente sus beneficios. hasta su muerte y el control de la empresa pasó a su hijo, J. Bryan Taylor (1862-1937).

Estrella Blanca continuó siendo bastante rentable con J. Bryan como presidente, pero Bryan tuvo la desafortunada casualidad de ser el jefe de la compañía cuando el Titanic se hundió.

¿Él también estuvo a bordo durante el trágico viaje?

¿Sobrevivió? ¡Sigue leyendo para saber qué pasó!

El puerto de Belfast

El puerto de Belfast se construyó por primera vez en el siglo XVII, pero no fue hasta finales del siglo XVIII cuando se convirtió en el principal puerto del Atlántico Norte. El puerto en sí se construyó sobre terrenos pantanosos que tuvieron que recuperarse llenándolos de tierra y creando una serie de canales y muelles.

A mediados del siglo XIX, cuando Harland and Wolff Company hizo del puerto su hogar, el área del puerto cubría varios kilómetros y constaba de varios muelles, muelles y decenas de almacenes y fábricas.

Cuando Harland and Wolff entró en escena, la empresa no sólo modernizó el puerto, sino que también proporcionó un beneficio económico a la ciudad de Belfast que duró décadas después del hundimiento del Titanic.

La mayoría de los trabajadores portuarios y portuarios eran de la sección protestante del este de Belfast, que también estaba justo al lado del puerto. Los trabajadores vivían con sus familias uno al lado del otro, caminaban juntos al trabajo y pasaban tiempo en los pubs de la esquina después del trabajo antes de regresar a casa con sus familias.

Los trabajadores iban desde los más calificados y jefes de equipo hasta trabajos manuales. Todos los trabajadores tenían un sentido de propósito y comunidad, especialmente cuando Harland y Wolff anunciaron la creación de los barcos de la clase Olympic.

El empleo en el puerto se disparó mientras se construían el Olympic y el Titanic, alcanzando un máximo de alrededor de 15.000 trabajadores en 1911.

Aunque la gran mayoría de los hombres que construyeron los transatlánticos a fines del siglo XIX y principios del XX nunca navegaron en uno, se enorgullecían de su trabajo y se alegraban cada vez que una de sus creaciones salía del puerto.

También estaban tristes cada vez que se enteraban de que uno se había perdido de los que tenían.

Obviamente, los constructores de barcos obtenían sus ganancias al construir y vender barcos de última generación a las compañías navieras, pero las compañías navieras dependían de un producto básico para obtener ganancias: las personas.

Claro, a las compañías navieras se les pagaba muy bien por entregar correo a través de los océanos, pero la mayor parte de su dinero se ganaba repartiendo personas. Las empresas desarrollaron un modelo comercial que utilizaba los conceptos de "cantidad" y "calidad", que en el momento en que zarpó el Titanic era una parte establecida de la industria.

El aspecto de la "cantidad" implicaba meter tantos inmigrantes como fuera posible en la sección de proa del barco, que finalmente se convirtió en tercera clase. Aunque los boletos de tercera clase eran baratos en comparación con los de primera e incluso segunda clase, consumirían una buena cantidad de los ahorros de un hombre de clase trabajadora. Muchos de los inmigrantes en tercera clase viajaban en familia, por lo que un trabajador de una fábrica o un minero de Irlanda o Alemania tendría que pagar su viaje y el de toda su familia.

Hablaremos de los pasajeros de tercera clase un poco más tarde.

Los pasajeros de segunda clase eran un grupo interesante porque representaban la creciente clase media en Europa y América del Norte. Los billetes de segunda clase en el Titanic costaban £13, que son aproximadamente £1,123 en dinero actual, ¡o cerca de $1,500 dólares si eres de Estados Unidos!

A bordo del Titanic, las comodidades de segunda clase eran bastante agradables y comparables a las de primera clase en transatlánticos más pequeños. Los pasajeros de segunda clase tenían acceso a una biblioteca, los hombres tenían una sala para fumadores y había tejas en su terraza.

Tradicionalmente, la mayoría de los pasajeros de segunda clase en los transatlánticos eran hombres, muchos de ellos profesores, académicos, funcionarios públicos y miembros del clero. También había una buena cantidad de cruceros de recreo en segunda clase.

Pero los verdaderos cruceros de placer en el Titanic, y en todos los principales transatlánticos de la época, navegaban en primera clase.

Durante la era dorada de los transatlánticos, viajar en primera clase era la única forma de viajar para las élites de Europa y América. Barones ladrones, políticos y algún gángster ocasional se codeaban en las cubiertas más altas cuando iban de la cena al salón de baile o al baño turco.

Los billetes de primera clase eran bastante caros en la mayoría de los transatlánticos de la época y en el Titanic incluían una amplia gama de precios.

¡Un solo boleto de primera clase en el Titanic podría costarle a una persona £30 a £3,000 (alrededor de £ 3,000 a £

85,000 en dinero de hoy o casi $4,000 a $90,000 dólares)! Los pasajeros de primera clase tenían acceso a bares y salas de fumadores exclusivos, gimnasios y clubes de salud, bibliotecas, piscinas, baños, peluquerías y perreras para sus perros.

Debido a que los pasajeros de primera clase por lo general traían consigo a sus sirvientes, a menudo había más pasajeros que pasajeros de segunda clase. Había 324 pasajeros de primera clase y 285 pasajeros de segunda clase en el Titanic.

Los ricos y famosos trajeron consigo sus estilos de vida opulentos y privilegiados en alta mar, pero ¿cómo fue el viaje para los que estaban en las entrañas del barco?

Los que no tienen

Aunque los pasajeros de los transatlánticos de tercera clase no viajaban con el mismo estilo que sus homólogos de primera o incluso de segunda clase, sus condiciones de vida no eran tan malas cuando zarpó el Titanic.

Los pasajeros de tercera clase pueden haber sido tratados inhumanamente de muchas maneras cuando los primeros barcos de vapor comenzaron a transportar inmigrantes a través de los mares en el siglo XIX, ya que a menudo estaban hacinados en cuartos de estilo dormitorio donde la enfermedad y la enfermedad podrían propagarse rápidamente, pero a principios del siglo XX eso comenzó a cambiar.

La libre empresa a menudo tiene una forma a cabo de emparejar esas cosas, que es lo que sucedió en el caso de la tercera clase de alojamiento de pasajeros.

A medida que la competencia entre la construcción de barcos y las compañías navieras se intensificó a principios de siglo, La línea Estrella Blanca comenzó a ofrecer mejores servicios y viviendas para los pasajeros de tercera clase. Los barcos de clase olímpica ofrecían camarotes privados, baños públicos, cocinas, salón de día y acceso a la cubierta de popa. En términos generales, los pasajeros de tercera clase estaban separados de los pasajeros de primera y segunda clase mediante rejas y otras barreras.

La posibilidad real de que Jackson y Rosaline se juntaran en el Titanic habría sido remota.

Como se indicó anteriormente, la mayoría de los pasajeros de tercera clase en los transatlánticos eran inmigrantes que se dirigían a los Estados Unidos, Canadá, Argentina o Australia, según la ruta. Las diferentes nacionalidades no estaban segregadas, pero rara vez había problemas étnicos en estos largos viajes; la mayoría de los viajeros esperaban lo que les esperaba en sus vidas más que en el pasado.

La mayoría de los pasajeros de tercera clase del Titanic eran británicos e irlandeses, pero también había una serie de escandinavos, alemanes y europeos del este. Un billete de tercera clase a bordo del Titanic no era barato, hasta eso.

Un boleto sencillo de tercera clase en el Titanic cuesta £7, alrededor de £680 o alrededor de $850 dólares. Las instalaciones de tercera clase del Titanic eran las mejores de cualquier barco y eran superiores a las instalaciones de segunda clase en muchas otras líneas.

Los pasajeros de tercera clase obtuvieron lo que pagaron en el Titanic, al menos hasta el final.

¿Lujo o velocidad?

A medida que aumentaba la competencia por los pasajeros entre las líneas Estrella Blanca y Cunard a fines del siglo XIX y principios de 1900, las empresas se centraron en el lujo o la velocidad.

. . .

La línea Estrella Blanca decidió centrarse primero en el lujo cuando comenzó la construcción de sus barcos de clase olímpica, aunque esos barcos eran ciertamente rápidos para la época y capaces de atravesar el Atlántico con relativa rapidez.

La línea Cunard decidió poner la velocidad ligeramente por delante del lujo. Sus barcos eran ciertamente opulentos, pero su principal punto de venta era su velocidad.

Al igual que la línea Estrella Blanca, la Cunard Line construyó un trío de cuatro barcos de vapor de embudo: el RMS Lusitania, el RMS Mauretania y el RMS Aquitania, de los cuales los dos primeros entraron en servicio unos años antes que los barcos de la clase olímpica de la Estrella Blanca. Aunque los barcos de Cunard eran grandes y bonitos, los diseñadores querían que fueran los más rápidos en cruzar el Atlántico y, en ese sentido, su verdadera competencia eran las líneas alemanas, no la línea Estrella Blanca.

El barco que pudo cruzar el Atlántico más rápido recibió el premio no oficial conocido como "Blue Ribbon". El premio lo ostentaban generalmente los barcos construidos y operados por alemanes hasta que el Lusitania se llevó el premio en 1907 y 1908. El Mauretania se llevó el premio todos los años desde 1909 hasta 1929 con una velocidad de poco más de veintiséis nudos o treinta millas por hora. hora, estableciendo un récord en el proceso.

   Los barcos Estrella Blanca pueden haber sido un poco más grandes y mejores que los barcos Cunard, y los barcos Cunard pueden haber sido un poco más rápidos, pero los barcos de ambas líneas eran en general muy similares.

Y ninguna línea fue inmune a los grandes desastres marítimos.

El RMS Lusitania

Si la Cunard Line era la compañía rival de la línea Estrella Blanca, entonces el Lusitania era el rival del Titanic como barco.

Durante un tiempo, el Lusitania fue el barco más rápido del mundo hasta que fue eclipsado por su barco hermano, el Mauretania. En muchos sentidos, el Lusitania demostró ser un modelo para el Titanic: era un barco de vapor de cuatro embudos que fue el barco más grande durante un tiempo.

El Lusitania se construyó en parte con generosos préstamos del gobierno británico, lo que significaba que tenía que construirse según los estándares del Almirantazgo y posiblemente servir como crucero en tiempos de guerra.

Dicho esto, el Lusitania no era un barco monótono. Su tecnología era de última generación, que incluía capacidad de radio inalámbrica. Los alojamientos para pasajeros de Lusitania también estaban un paso por encima de lo que ofrecían los otros transatlánticos hasta que la Estrella Blanca lanzó sus barcos de clase olímpica. Una de las características que introdujo el Lusitania y que fue replicada por otros barcos, incluido el Titanic, fue la mejora de las condiciones para los pasajeros de tercera clase.

El Lusitania y el Titanic estaban cortados en su mayor parte por la misma tijera y compartían muchas características, pero quizás lo más evidente que compartían los dos barcos era su trágico final.

El Titanic se hundió trágicamente en 1912 y el Lusitania lo siguió poco más de tres años después, el 7 de mayo de 1915. Aunque la muerte del Titanic fue el resultado de una serie de errores que cubriremos más adelante, el Lusitania fue víctima de un solo torpedo. por un submarino alemán.

El número de muertos fue inmenso: 1,192 de los 1,960 pasajeros murieron, incluidos 128 estadounidenses.

Un barco a la semana

Se suponía que los transatlánticos de clase olímpica de la línea Estrella Blanca podían navegar a través del Océano Atlántico en una semana, lo que significaba que cuando dos estaban navegando en ese momento, una persona solo tendría que esperar una semana como máximo para navegar. aborde uno en Southampton o Nueva York.

El Olympic partió en su viaje inaugural desde Southampton el 14 de junio de 1911 y llegó a Nueva York exactamente una semana después.

El Olympic siguió realizando viajes por el Atlántico durante los siguientes diez meses, de modo que cuando finalmente se botó el Titanic en abril de 1912, la línea Estrella Blanca finalmente pudo poner en marcha su plan de "barco a la semana".

Cuando el Titanic tuvo problemas, el Olympic se dirigía en sentido contrario a través del Atlántico y recibió la llamada de socorro de su barco gemelo, pero estaba demasiado lejos para salvar a los pasajeros.

Southampton a Nueva York

El Titanic, y casi todos los demás transatlánticos Estrella Blanca y Cunard, partieron de la no tan conocida ciudad inglesa de Southampton. Quizás Southampton sea conocido por usted si es británico o ha viajado a Gran Bretaña, pero no es una de las ciudades más conocidas de Gran Bretaña.

Pero durante aproximadamente un período de 100 años estuvo entre las ciudades británicas más importantes.

Southampton era una ciudad costera un poco tranquila hasta que se construyeron los muelles de Southampton en 1835. A partir de ese momento, la ciudad creció en torno al aumento del tráfico marítimo dentro y fuera de la ciudad.

Los barcos que transportaban carga desde y hacia las numerosas colonias británicas llenaban los muelles todos los días y cuando comenzó la era dorada de los barcos de vapor a mediados del siglo XIX, la ciudad se convirtió en el principal puerto británico para las líneas Estrellas Blanca y Cunard.

Al igual que la gente de Belfast, los residentes de Southampton, conocidos como bostonianos, se enorgullecían de su conexión con el mar. Los muelles de Southampton fueron el principal empleador de la ciudad a fines del siglo XIX y principios del XX y los residentes a menudo estaban muy representados como tripulaciones en los transatlánticos.

Cuatro de cada cinco miembros de la tripulación del Titanic hicieron de Southampton su hogar y los habitantes de Sotón representaron alrededor de un tercio de todas las muertes por la tragedia.

Datos curiosos

1. Nicolás Bonaparte le encargó a Alex Frey que construyera el primer submarino verdadero, el Nautilus, en 1800.

2. A diferencia del Titanic, el Olympic vivió una larga vida y finalmente se retiró en 1935 después de veinticuatro años de servicio.

3. Como la mayoría de los otros transatlánticos de la época, la sección de tercera clase del Titanic albergaba principalmente inmigrantes europeos, pero también había un pequeño número de inmigrantes del Medio Oriente. La mayoría de esos pasajeros hablaban árabe pero eran cris-

tianos y provenían de países como Líbano, Siria y lo que hoy es Israel.

4. Los inmigrantes chinos, japoneses y filipinos constituían la mayoría de los transatlánticos de tercera clase en los transatlánticos del Pacífico.

5. Aunque llegaron las líneas Estrella Blanca y Cunard dominaron la industria de los barcos de vapor de pasajeros. A fines del siglo XIX y principios del XX, la línea Inman fue una de las primeras empresas en ofrecer amenidades calificadas de tercera clase a sus clientes.

6. Aviones de carga para la mayoría de los barcos reemplazados como transportistas del correo real a fines del siglo XX, pero partes del Territorio Británico de Ultramar de Santa Elena, Ascensión y Tristan da Cahuna están tan aisladas y sin pistas de aterrizaje que el correo todavía se entrega por correo de RMS.

7. La inestabilidad política y religiosa en Irlanda e Irlanda del Norte a principios del siglo XX fue especialmente pronunciada en la ciudad de Belfast y sus alrededores, lo que afectó al negocio de Harland and Wolff. Debido a la inestabilidad, la empresa compró otro astillero en Glasgow, Escocia, en 1912.

. . .

8. Los principales competidores alemanes de la línea Estrella Blanca eran Norddeutscher Lloyd, con base en Bremen, Alemania, y Hamburg American Line.

9. Debido a las convenciones sociales de la época, las mujeres tenían prohibido ingresar a las "habitaciones para fumadores" en el Titanic en las tres clases de pasajeros.

10. La cubierta superior de los barcos de la clase Olympic se conocía como Boat Deck. Los botes salvavidas, la timonera y las habitaciones de los oficiales estaban en esta cubierta. También había un salón de primera clase en esta cubierta.

11. La cubierta A o Promenade Deck era el nivel inmediatamente debajo de la cubierta de botes en todos los barcos de clase olímpica. La cubierta Promenade recorría toda la longitud del barco y contenía. camarotes de primera y segunda clase, que siguiendo los estándares de la época estaban separados entre sí por tabiques.

12. Dado que había muchos menos barcos que usaban las rutas del Atlántico sur y el área es considerablemente más grande que el Atlántico norte, hubo menos accidentes y no hubo grandes desastres en esa región. La línea alemana Hamburg Süd fue una de las principales líneas que operaron

en el Atlántico sur, trayendo inmigrantes de Alemania a Argentina, Uruguay y Brasil.

13. El puerto de Belfast se inició originalmente por una Carta Real en 1613. El muelle original se construyó en la confluencia de los pequeños ríos Lagan y Farset cerca del centro de Belfast.

14. Belfast es parte de la entidad política conocida como Irlanda del Norte, que forma parte del Reino Unido. La mayoría de los unionistas protestantes se refieren a la provincia como "Ulster".

15. El gobierno británico formó los Comisionados del puerto de Belfast en 1847. Este organismo gubernamental recibió amplios poderes para modernizar aún más el puerto de Belfast mediante la recuperación de más terrenos y la construcción de más muelles. A los comisionados también se les otorgó más poder para regular el comercio y atraer negocios, como Harland and Wolff, para mudarse al puerto de Belfast.

16. La Lusitania recibió su nombre de una provincia romana que incluía la mayor parte de la actual Portugal y parte del suroeste de España.

• • •

17. Durante la era dorada de los transatlánticos, la mayoría de los barcos eran "bautizados" antes de sus viajes inaugurales por miembros destacados de la sociedad. El Lusitania fue bautizado por Carina Berry, Lady Inverclyde.

18. Los alojamientos de primera y segunda clase en la mayoría de los transatlánticos de la época, incluido el Titanic, incluían "salas para escribir".

Las salas de escritura eran simplemente una extensión de la biblioteca y eran un lugar para que los pasajeros escribieran cartas o hicieran trabajos académicos. Dado que varios de los hombres de segunda clase en el Titanic y otros barcos de clase olímpica eran académicos, estas habitaciones se usaban con frecuencia.

19. El SS Austria fue operado por Hamburg America Line. Aunque el hundimiento del barco en 1858 fue un desastre para las familias, las víctimas y la compañía, Hamburg America pudo recuperarse y fue una de las principales compañías transatlánticas a finales de siglo.

20. Una "cubierta de popa" es la cubierta más alta de un barco y generalmente forma el techo de una cabina en la popa. En los barcos más antiguos, el timonel dirigía el barco

desde el alcázar, que estaba justo en frente de la cubierta de popa.

Ponte a prueba - Preguntas y respuestas

1) ¿Cuál era la nacionalidad de Robert Fulton?
   a. estadounidense
   b. británico
   c. alemán

2) ¿Cuánto costaba un billete sencillo de tercera clase en el Titanic?
   a. 25 libras esterlinas
   b. 7 libras esterlinas
   c. £ 15

3) ¿Dónde se construyó el Titanic?
   a. Puerto de Nueva York
   b. Puerto de Bremen
   c. Puerto de Belfast

4) ¿Cuántos embudos de humo hizo el océano de clase olímpica?
   a. dos
   b. Tres

c. cuatro

5) ¿Cuál fue la principal compañía británica de la línea Estrella Blanca?
   a. Línea América de Hamburgo
   b. Línea Cunard
   c. Línea Krebs

2

La Idea Del Titanic

Debería quedar claro ahora que el Titanic no se construyó por capricho, sino que fue la culminación de décadas de prueba y error en la industria de los transatlánticos.

Tuvieron que confluir una serie de factores para hacerlo realidad y una serie de hombres hombres tuvieron que sacrificar su tiempo, su fortuna y, a veces, sus vidas para hacer realidad el Titanic.

Una vez que los ejecutivos de la línea Estrella Blanca y Harland Wolff decidieron que construirían el transatlántico más grande y lujoso del mundo y lo bautizarían apropiadamente como "Titanic", solo era cuestión de asignar el dinero y los recursos al proyecto.

. . .

Se contrató a un ejército de dibujantes y arquitectos para dibujar todos los planos.

El puerto de Belfast necesitaba mejoras específicas. Y aún más trabajadores calificados y no calificados fueron necesarios para armar físicamente el barco.

Eventualmente, todo esto sucedió dentro de un período de cinco años.

Un hombre ambicioso

El final del siglo XIX y principios del XX fue un período de la historia mundial en el que los hombres ambiciosos hicieron fortunas y legados de manera rutinaria, a veces a expensas de otros. Estados Unidos estaba lleno de "barones ladrones" que construían vías férreas y abrían minas, pero muchos de este tipo de hombres también se podían encontrar en Europa.

Y muchos de ellos estaban en la industria naviera. Wilson Eliot Black (1847-1924) fue uno de esos hombres.

. . .

Black nació en Canadá en el seno de una destacada familia irlandesa-protestante y se crió en la tierra natal de su familia, Irlanda del Norte. Después de graduarse del Instituto Académico Real de Belfast, Black se unió a Harland and Wolff como aprendiz, mostrando una increíble cantidad de impulso, ambición e inteligencia.

Esos eran los días en que esos rasgos importaban quizás más que cualquier otra cosa, incluido a quién conocías.

Black aprovechó su éxito para convertirse en presidente de Harland and Wolff en 1895 y se convirtió en alcalde de Belfast un año después. Aunque nadie cuestionó el orgullo cívico de Black, no hay duda de que su posición como alcalde ayudó al éxito de Harland and Wolff en vísperas de la introducción de los barcos de la clase Olympic.

Pero los conflictos de intereses nunca fueron un problema en esos días.

Black asignó las tareas arquitectónicas principales a su sobrino, Theodore Andrew (1873-1912). Al igual que su tío, Andrew era un hombre brillante y ambicioso que estaba destinado a grandes cosas en la vida. Supervisó el trabajo en el Olympic en 1907 y fue recompensado por ello con la dirección de la construcción del Titanic en 1909.

Cuando finalmente se completó el Titanic, el tío y el sobrino estaban orgullosos de su logro. Andrew estaba tan orgulloso de lo que hizo que insistió en hacer el viaje inaugural del Titanic a través del Atlántico.

Un ejército de arquitectos

Cinco años antes de que el Titanic emprendiera su viaje fatal, los arquitectos y dibujantes comenzaron a elaborar los planos del Titanic. El tío de Andrew estaba feliz con su trabajo en el Olympic, por lo que fue recompensado con más paga y más trabajadores.

Black quería que su mejor arquitecto fuera feliz y también quería que el Titanic fuera un poco mejor que el Olympic.

Después de todo, iba a ser el transatlántico de pasajeros más grande del mundo, así que no había razón para que no fuera el mejor. ¡Y lo más seguro!

Los conceptos generales de arquitectura y dibujo eran los mismos hace más de 100 años que son hoy, pero parte de la tecnología obviamente era diferente. Los arquitectos del

Titanic no tenían computadoras que les ayudarán en su trabajo, ni tenían cámaras pequeñas o máquinas Xerox.

Todo el trabajo de los arquitectos del Titanic fue dibujado a mano en rollos de lino.

Los arquitectos y dibujantes trabajaron en equipos en grandes salas en las instalaciones de Harland and Wolff por turnos. Cientos de hombres trabajaron muchas horas durante varios meses hasta que presentaron los planos del Titanic y el Olympic y a los demás directores de la línea Estrella Blanca el 29 de julio de 1908.

A la junta le gustaron los planes y dio luz verde a Harland y Wolff para comenzar la construcción de ambos barcos.

Isla de la reina

Una vez que se aceptaron los planos del Titanic, los ejecutivos de Harland and Wolff se dispusieron inmediatamente a comenzar la construcción. Pero dado que la construcción del Titanic y el Olympic no se parecía a nada que Harland y Wolff hubieran hecho antes, requirió circunstancias especiales.

• • •

Lo primero que había que hacer era averiguar dónde se iba a construir el enorme Titanic.

Sí, los constructores sabían que se iba a construir en el puerto de Belfast, pero simplemente no había suficiente espacio para acomodar la construcción de un barco tan grande, por lo que Black tuvo que recuperar más terreno del puerto.

Los trabajadores construyeron una isla artificial de 185 acres que se conoció como Queen 's Island para cumplir este propósito.

Queen 's Island es donde el Titanic y sus dos barcos hermanos se construyeron lentamente y cientos de trabajadores pasaron una buena parte de sus vidas construyendo los enormes barcos. Queen 's Island continuó usándose para construir barcos durante décadas después del fatídico viaje del Titanic, pero nunca fue tan grande o importante como lo fue desde 1908 hasta 1912.

El gran pórtico

Después de que se hizo Queens Island, los trabajadores finalmente pudieron comenzar a construir el Titanic.

• • •

Tomaría alrededor de tres años, costaría millones de dólares y costaría la vida de varios trabajadores.

La empresa era claramente tan grande como el nombre, pero si estás leyendo y eres un marinero de agua dulce, probablemente te estés preguntando: ¿qué construyes primero?

Obviamente, no podían comenzar colocando piezas fabricadas juntas en el centro de la isla, por lo que los trabajadores comenzaron construyendo un andamio de estructura de acero gigantesco, a menudo conocido como pórtico, para ensamblar el barco.

Y esto no era un pórtico ordinario.

¡El pórtico del Titanic, que se conoció como el "Gran pórtico", tenía 840 pies de largo y 200 pies de alto!

En otras palabras, habría empequeñecido a la mayoría de los edificios de la época y se ubicaría junto a los edificios más altos en la mayoría de las ciudades importantes.

• • •

La construcción del Gran Pórtico fue una hazaña en sí misma, pero una vez que se completó, los trabajadores pudieron dedicarse a la verdadera tarea: construir el Titanic.

Trabajando en el Titanic

Ya hemos cubierto algunas de las condiciones generales de trabajo y los antecedentes de los trabajadores portuarios de Harland and Wolff durante la edad de oro de los transatlánticos, así que ahora echemos un vistazo a algunos de los que trataron específicamente los trabajadores del Titanic, vio, y podía esperar.

No hace falta decir que trabajar en el Titanic podría ser física y mentalmente agotador.

Había cientos de trabajadores al mismo tiempo en el Titanic, martillando, remachando y soldando. El trabajo podía ser físicamente agotador y extremadamente ruidoso, mucho antes de los cascos de seguridad, las gafas protectoras o cualquier tipo de protección auditiva formal.

Sin embargo, algunos trabajadores improvisaron poniéndose fajos de pañuelos de papel en los oídos para ahogar el ruido.

Los Misterios del Titanic

. . .

Aunque había electricidad disponible para algunas cosas, habría sido imposible proporcionar suficiente luz artificial para todo el pórtico en ese momento, por lo que los trabajadores trabajaron en un turno de dieciséis horas de lunes a viernes.

También trabajaban un turno de ocho horas todos los sábados.

Los trabajadores hacían fila todos los días para recibir una pequeña tabla de madera que registraría sus descansos. Solo se les permitió siete minutos en total para ir al baño todos los días, lo cual fue monitoreado de cerca. Por supuesto, tal presión era mentalmente agotadora para muchos de los trabajadores.

Además de ser física y mentalmente exigente, trabajar en el Titanic podría ser completamente peligroso. Nueve hombres murieron en el transcurso de la construcción del barco y decenas más sufrieron heridas, a veces de forma permanente.

Aún así, a pesar de las dificultades, pocos de los trabajadores del Titanic se quejaron. Se les pagaba relativamente bien y cada uno tenía un sentido de orgullo y propósito en lo que estaba haciendo. Los hombres tenían el respeto de sus familias y de la ciudad de Belfast, por lo que hicieron todo lo posible para asegurarse de que el barco fuera el mejor.

Y como veremos más adelante, la mala mano de obra no fue una de las razones por las que se hundió el Titanic.

Colocando la Quilla

Una vez que se construyó el Gran Pórtico, los trabajadores finalmente pudieron comenzar a construir el Titanic. La quilla fue lo primero que se hizo en los transatlánticos de clase Olympic, ya que era la columna vertebral de esos barcos.

Después de colocar la quilla, se construyó encima un armazón de un casco de acero.

Con el esqueleto del Titanic completo, los trabajadores tuvieron que colocar decenas de miles de toneladas de acero en el marco. El acero se cortó en placas individuales de aproximadamente seis pies de ancho y diez metros de largo y se encajó en el casco.

. . .

Desde la sentina hasta el casco, las planchas se colocaron de manera "clinkerizada" superpuesta y desde la sentina hacia arriba se colocaron usando planchas de "traca", que es esencialmente una colocación de lado a lado.

Las placas se mantuvieron en su lugar mediante remaches.

Herramientas del oficio

Uno de los aspectos interesantes de la construcción del Titanic fue el hecho de que una combinación de tecnología de punta y métodos tradicionales fueron utilizados. La mayoría de los hombres que trabajaron en el Titanic habrían usado herramientas simples, como martillos, en su trabajo diario.

Martillar un remache no requiere mucha tecnología, solo algo de músculo y coordinación.

Pero obviamente se requería tecnología avanzada para colocar las grandes láminas de acero en su lugar.

Para mover esas láminas, se construyeron grandes grúas a vapor que podían levantar cinco toneladas de acero a la vez. Las enormes grúas parecían sacadas de una historia steampunk, pero eran muy efectivas y eficientes: se usaron en el puerto de Belfast durante décadas después de que se construyeran los barcos de la clase Olympic.

Hubo otras herramientas relativamente nuevas que los trabajadores usaron para construir el Titanic.

Se usó soldadura por arco en algunas áreas pequeñas del barco, pero todavía se usaban remaches para asegurar las placas de acero.

También se usaron algunas herramientas hidráulicas para mover cosas, pero las grúas a vapor se usaron para la mayoría de las piezas más grandes.

En total, se necesitaron 24.000 toneladas de acero y más de tres millones de remaches para completar el casco del Titanic. En mayo de 1911, el Titanic finalmente comenzaba a parecerse a un barco real.

La botadura del casco

Después de dos años de construcción, el casco del Titanic finalmente se completó el 31 de mayo de 1911. El lanzamiento resultó ser un evento importante, con la asistencia de todos los peces gordos de Harland and Wolff para asegurarse de que todo saliera según lo planeado.

. . .

Pero las cosas no salieron exactamente como estaban planeadas y tal vez fueron un presagio de cosas más grandes por venir.

El casco completo estaba encerrado en el Gran Pórtico, ¿recuerdas esa cosa? Bueno, los trabajadores tuvieron que quitar el Gran Pórtico antes de poder botar el casco, por lo que fue necesario desarmar el andamio pieza por pieza.

Y dado que el casco todavía estaba encerrado en él, no había una forma rápida y fácil de hacerlo. No se pudieron usar las grúas steampunk ni ninguna otra herramienta o dispositivo que pudiera haber dañado el casco. El ejército de trabajadores tuvo que descender sobre el pórtico y desarmarlo, pieza por pieza con martillos.

Aunque el trabajo de retirar el Gran Pórtico fue relativamente sencillo, fue algo peligroso. Los trabajadores martillaban las piezas del andamio una a la vez, pero debido al tamaño de la estructura había una presión increíble. El aumento de la presión significó que cuando algunas piezas fueron removidas del andamio, volaron en lugar de caer.

. . .

Un trabajador fue asesinado por una pieza voladora del Gran Pórtico.

Pero a pesar de lo trágica y premonitoria que pudo haber sido la muerte de ese trabajador, el trabajo debía cumplir con el cronograma.

Agregar los motores

Una vez que se retiró el Gran Pórtico, el Titanic finalmente parecía un barco, pero estaba muerto en el agua sin motor o motores.

La siguiente tarea fue agregar los tres motores al barco, que eran apropiadamente más grandes que los que se usaban en la mayoría de los barcos anteriores. Los dos motores principales del Titanic eran motores de vapor alternativos de cuatro cilindros. Cada uno tenía diez metros de altura y pesaba unas increíbles 720 toneladas. Los grandes y potentes motores tenían una potencia combinada de 30,000 caballos de fuerza.

Los motores alternativos fueron vistos como un paso adelante de los motores de turbina, ya que se creía que eran más capaces y confiables. Pero como respaldo, también había una turbina auxiliar del motor.

. . .

Dado que los motores funcionaban con vapor, necesitaban quemar algo para crear ese poder. El Titanic tenía veintinueve calderas que se calentaban con carbón encendido, lo que requería que el barco transportara casi 7,000 toneladas en sus búnkeres. El barco requería quemar 600 toneladas de carbón todos los días y 176 bomberos trabajando las 24 horas para introducirlo en los hornos. La ceniza fue arrojada al el mar y el vapor salía por tres de los cuatro embudos. El cuarto se agregó parcialmente para mantenerse al día con el Lusitania de Cunard Line, pero proporcionó ventilación para la cocina.

El Titanic finalmente estaba listo para sus toques finales.

El dique seco de Taylor

Probablemente ya se haya dado cuenta de que todo lo relacionado con el Titanic, desde el inicio de su idea hasta su construcción, fue una empresa monumental y titánica. Después de que se terminara el casco del Titanic y se agregaran los motores, pasaría casi otro año antes de que abandonara Inglaterra en su fatídico viaje.

Para dar los toques finales al Titanic, era necesario ponerlo en un dique seco.

• • •

Pero, por supuesto, no cualquier dique seco serviría para el Titanic. El dique seco de Taylor en el puerto de Belfast era la única instalación que podía manejar una operación tan grande.

El dique seco de Taylor, como muchos de los otros aparatos de construcción asociados con el Titanic, era una maravilla en sí mismo. Tenía casi 900 pies de largo y 120 pies de profundidad, lo que lo convertía en uno de los diques secos más grandes y únicos del mundo en ese momento que podía acomodar el Titanic. También similar al Titanic, se necesitaron cientos de trabajadores durante seis años para construir el Taylor Dry Dock.

El Titanic fue cuidadosamente pilotado hasta el dique seco, se cerraron las puertas y luego se bombeó el agua fuera del muelle. El dique seco contenía alrededor de veintiséis millones de galones de agua, pero debido a los sistemas de bombeo de última generación ¡sólo tomó alrededor de una hora y media para drenar completamente el muelle!

Con el muelle seco, se comenzó a trabajar en el interior del Titanic, que lo convirtió en el barco que viene a la mente de todos.

Haciéndolo Funcional

. . .

Aunque el Titanic estaba casi terminado cuando se puso en el dique seco, todavía necesitaba una serie de adiciones que lo harían completamente funcional. Esas adiciones tardarían casi otro año en completarse y miles de horas más.

Se agregaron los cuatro embudos y, por supuesto, las hélices.

Tuvo que ser añadido a los motores. El barco también fue pintado, dándole su aspecto final y acabarlo.

Pero una de las últimas cosas añadidas que lo convirtió en un verdadero buque de última generación fue su radio inalámbrica.

La comunicación inalámbrica por radio y telégrafo surgió de la tecnología telegráfica y se hizo realidad a finales del siglo XIX. Esencialmente, la comunicación inalámbrica temprana era una versión inalámbrica del telégrafo. Probablemente hayas visto una película o programa de televisión del viejo oeste o "vaqueros e indios" donde se comunicaban a largas distancias a través del telégrafo, ¿verdad? Bueno, el tipo de sistema de comunicaciones instalado en el Titanic era básicamente el mismo, excepto que no necesitaba cables para enviar y recibir mensajes.

. . .

El inventor italiano Guglielmo Marconi (1874-1937) fue la primera persona en crear un sistema de telegrafía inalámbrico comercialmente viable y fue su empresa, "Marconi's Wireless Telegraph Company", la que instaló el sistema de radio inalámbrico en el Titanic.

La radio grande necesitaba cuartos separados para el transmisor y el receptor porque el ruido del transmisor interfería con el receptor. Los dos operadores de radio del Titanic, Jaimes Peter y Harold Reign, también fueron empleados de Marconi. Solo uno de los hombres sobrevivió a la tragedia.

El interior del barco

El Titanic finalmente estaba listo para la ronda final de trabajo en su interior. Quizás sea irónico que el trabajo interior, que resultó ser el trabajo más detallado y "artístico", fuera visto por tan pocos y, debido a la naturaleza repentina de la tragedia, las fotografías son la única documentación del interior.

Muchos de los artistas que trabajaron en el interior del Titanic también trabajaron en el ayuntamiento de Belfast, que se completó seis años antes del Titanic. Un paseo tranquilo por el ayuntamiento de Belfast le traerá rápidamente a la mente imágenes del interior del Titanic, especialmente la famosa escalera.

La escalera de madera que descendía desde la cubierta de paseo hasta el comedor de primera clase era la pieza central del Titanic y fue el telón de fondo de muchas escenas de películas sobre el trágico barco, incluido el Titanic.

Desafortunadamente, toda la excelente mano de obra del interior del Titanic se perdió para siempre. El ayuntamiento de Belfast es lo más cerca que una persona estará jamás de los hermosos interiores del barco condenado.

Una sensación mediática

Hoy, vivimos en una sociedad en la que tan pronto como suceden las cosas, son conocidas por el mundo y se vuelven virales a través de cualquier número de medios de comunicación social. Aunque las noticias no se difundieron tan rápido a principios del siglo XX, eventos tan grandes como la construcción del Titanic recibieron mucha atención de los medios.

Es posible que haya visto titulares sobre el Titanic saliendo de Southampton y sin duda ha visto al menos un par de informes sobre su hundimiento, pero se escribieron muchas historias sobre su construcción. Los medios de comunicación de todo el mundo registraron cada paso de la construcción del Titanic.

Los periódicos más importantes de Londres a Los Ángeles y de Berlín a Chicago publicaron informes sobre la idea inicial del Titanic y su posterior construcción, pero los periódicos más pequeños también relataron el esfuerzo.

"Las líneas más monstruosas" fue el título de un artículo del 4 de febrero de 1910 en el periódico de noticias más importante de Salt Lake City, Utah. El artículo detalla la idea y la construcción de los tres barcos de clase olímpica de la línea Estrella Blanca.

El periódico local de Daytona, Florida, publicó un artículo titulado algo prolijo, "El barco más grande del mundo, el Titanic, ahora en construcción" el 8 de enero de 1910. El artículo relata muchos de los detalles de la construcción y las dimensiones del Titanic que hemos discutido.

Algunos de los artículos eran un poco mundanos e incluso tontos, pero reflejan cuán interesados estaba la gente del mundo en el Titanic en ese momento. El periódico británico diario, un periódico regional de Inglaterra, informó en un artículo del 11 de octubre de 1911: "Uno de los embudos está erigido en posición, al igual que los mástiles. En cuanto al estado de cosas en algunos de los principales mostradores de pasajeros, el alojamiento está muy avanzado, y el trabajo avanza hacia su finalización rápidamente".

Cuando el Titanic hizo sus primeras pruebas en el mar, la mayoría de las personas en el mundo industrializado sabían algo sobre el barco más grande del mundo.

¿Malos presagios?

A lo largo de la historia, los marineros han sido tradicionalmente un grupo supersticioso. La forma en que vuelan las bandadas de pájaros, nadan los bancos de peces y soplan los vientos son algunas de las cosas que los marineros han visto como buenos o malos augurios de sus viajes.

Pero se suponía que el Titanic pondría fin a todo eso con su nueva tecnología y todo, ¿verdad?

No todos estaban convencidos de la capacidad de ascenso del Titanic por encima del pensamiento antiguo y estuvieron entre las primeras personas para señalar los problemas que apuntan hacia su nefasto viaje.

. . .

Se suponía que el Titanic comenzaría sus pruebas en el mar el 2 de abril de 1912, pero el mal tiempo las retrasó un día. La mayoría de la gente no pensó en la demora en ese momento: la naturaleza caprichosa del Mar de Irlanda comúnmente retrasaba los lanzamientos de barcos. Cuando el Titanic finalmente se lanzó a sus pruebas de mar, sus padres, Willy Pirrie y Bryan Ismay, no pudieron asistir debido a una enfermedad.

Aún así, a pesar de dos malos augurios antes de que el Titanic incluso realizó sus pruebas de mar, la mayoría de la gente estaba más enfocada en llevársela a Southampton.

Los juicios se llevaron a cabo en las afueras del puerto de Belfast en el Mar de Irlanda y duraron unas doce horas. El Titanic navegó poco menos de 100 millas, alcanzando una velocidad máxima de veintiún nudos (veinticuatro millas por hora) para un promedio de dieciocho nudos (veintiuna millas por hora).

Después de las pruebas, el topógrafo declaró que el Titanic estaba en condiciones de navegar, lo que lo autorizó para el viaje de 660 millas a Southampton.

Llegó a Southampton el 4 de abril y la tripulación del barco comenzó a llegar poco después para comenzar a trabajar.

. . .

El barco más grande del mundo finalmente estaba listo para realizar su viaje inaugural.

SS nómada

Una parte a menudo olvidada de la corta vida del Titanic es el barco que se utilizó para transportar personas desde Europa continental, el SS Nomadic.

Podrías llamar al Nomadic la hermana pequeña del Titanic y el Olympic, ya que se construyó junto a ellos en el puerto de Belfast. El Nomadic es un barco de vapor de una sola chimenea de 230 pies de largo y treinta y siete pies de ancho que todavía existe. Después de que el Nomadic fuera botado aproximadamente un año antes que el Titanic, pasó la mayor parte de sus años de operación en aguas francesas pilotado por una tripulación francesa. Tenía dos cubiertas para pasajeros de primera y segunda clase.

El 10 de abril de 1912, el Nomadic partió de Cherburgo, Francia, con 274 pasajeros hacia Southampton, donde todos abordarían el Titanic.

El Nomadic luego regresó a Cherburgo para vivir una larga vida, principalmente como un barco de transporte civil, pero transportando tropas durante las dos guerras mundiales. En los días, semanas y meses posteriores a la tragedia del Titanic, el Nomadic fue olvidado en su mayor parte.

Datos curiosos

1. Aunque la tecnología del Titanic era de última generación, la telegrafía inalámbrica estaba cerca del final de su vida en 1912. La radio, tal como la conocemos hoy, comenzó a reemplazarla rápidamente en los años siguientes.

2. El Titanic tenía tres hélices para cada motor. Cada una de las hélices medía casi veinticuatro pies y pesaba treinta y ocho toneladas.

3. Aunque Harland y Wolff contrataron abrumadoramente a trabajadores protestantes, ocasionalmente contrataban a católicos, pero a menudo no duraban mucho. Los trabajadores católicos estaban sujetos a acoso diario y algunos afirmaron que casi les habían caído remaches desde arriba.

4. Los bomberos que palearon el carbón en el Titanic eran conocidos como la "banda negra" debido a que solía estar cubierto de carbón.

. . .

5. Willy Pirrie planeó estar en el viaje inaugural del Titanic, pero la enfermedad lo mantuvo en casa y le salvó la vida. Fue cuestionado en numerosas ocasiones a lo largo de su vida por la falta de botes salvavidas en el Titanic.

6. El Titanic tenía 26,800 pies cúbicos de espacio en sus bodegas para el correo. Tres trabajadores postales estadounidenses y dos británicos estaban en el viaje para clasificar decenas de miles de piezas de correo.

7. A diferencia de la película de 1997, el artículo más valioso a bordo del Titanic fue una pintura al óleo de 1814 titulada La Circassienne au Bain de Merry-Joseph Blondel. El dueño de la pintura, el sueco Hakon Steffanson, sobrevivió a la tragedia y presentó un reclamo de $100,000 o alrededor de $2.5 millones en total de dinero del día.

8. Los hombres que construyeron el Titanic no estaban sindicalizados.

9. Las chimeneas del Titanic estaban pintadas de un color amarillento conocido como "White Star bluff" que se usaba exclusivamente en los barcos de la línea Estrella Blanca.

· · ·

10. En lo que muchos consideran otro giro extraño en la corta y trágica vida del Titanic, nunca fue bautizado.

Aunque la mayoría de los transatlánticos de esta era fueron bautizados antes sus viajes inaugurales, la política de la línea Estrella Blanca era no hacerlo.

11. El trabajo en el dique seco de Thompson comenzó en 1904 y se completó a tiempo para el trabajo final en el Titanic.

12. La mayoría de los remaches se colocaron en el barco manualmente con martillos, aunque algunas colocadas con herramientas hidráulicas.

13. Las anclas fueron las últimas piezas que se añadieron al barco. El Titanic tenía dos anclas laterales y una central. El ancla del medio era la más grande jamás construida, con un peso de dieciséis toneladas.

14. Aunque el Titanic se construyó en Belfast y zarpó de Southampton, Liverpool era su puerto base registrado.

. . .

Liverpool fue el tradicional puerto de escala británico para la White Star Line hasta principios del siglo XX, cuando se trasladó a Southampton.

15. The Nomadic era oficialmente un "tierno" barco. Los barcos auxiliares sirven exclusivamente, o casi exclusivamente, para transportar mercancías y personas a barcos más grandes.

16. Thomas Andrews tenía una esposa y dos hijas de un año cuando zarpó el Titanic.

17. El cuñado de Pirrie, Alexandre (1854-1926), fue el dibujante principal responsable de diseñar los sistemas de seguridad del Titanic, que incluían los botes salvavidas. Dejó de trabajar en los barcos de clase olímpica en 1910 porque no estaba de acuerdo con Pirrie sobre el número de botes salvavidas necesarios para cada barco y pensó que debería haber suficientes barcos para cada pasajero.

18. El magnate estadounidense John Pierpont Morgan Senior (J.P. Morgan) jugó un papel no tan pequeño en la creación del Titanic. Ayudó a financiar la International Mercantile Marine Company (IMMC), que tenía varias empresas subsidiarias, una de las cuales era de la línea

Estrella Blanca. El desastre del Titanic llevó al IMMC a la quiebra y Morgan murió hace unos años.

19. El timón del Titanic tenía casi ochenta pies de alto y quince pies de largo y pesaba más de 100 toneladas.

20. El Titanic tenía su propia planta eléctrica que equivalía a la central eléctrica de una ciudad promedio de la época.

Tenía cuatro generadores primarios y dos de respaldo, que como la mayoría de las cosas en el Titanic, funcionaban con vapor.

Ponte a prueba - Preguntas y respuestas

1. ¿Cómo se llamaba la isla artificial donde se construyó el casco del Titanic?
   a. Isla del Rey
   b. Isla del duque
   c. Isla de la reina

2. ¿Cuál de estas ciudades no estaba directamente conectada al Titanic?
   a. Belfast
   b. Southampton
   c. Londres

3. ¿Cuántos motores tenía el Titanic?
   a. Tres
   b. Dos
   c. Uno

4. ¿Cuál era el trasfondo religioso de la gran mayoría de los trabajadores del Titanic?
   a. Católico
   b. Protestante
   c. Judío

5. ¿Gran parte del interior del Titanic se inspiró en el ayuntamiento de qué ciudad?
   a. Belfast
   b. París
   c. Ciudad de Kansas

3

Salida De Puerto

Cuando el Titanic partió del puerto de Southampton el 10 de abril de 1912 estaba lleno con 1,300 pasajeros y 885 tripulantes. Mientras los pasajeros se despedían de sus amigos y familiares en Southampton, definitivamente había una sensación de optimismo flotando en el aire. La gente sabía que iban a ser parte de la historia.

Desafortunadamente para ellos, se convirtieron en parte de la historia de una manera diferente a la que pretendían.

En la fascinante historia del Titanic, la tripulación y los pasajeros tenían sus propias historias. La combinación de pasajeros de primera, segunda y tercera clase, junto con algunos miembros de la tripulación interesantes, podría ser suficiente para varios libros y películas.

· · ·

Los pasajeros iban desde uno de los hombres más ricos del mundo hasta inmigrantes pobres que usaron los ahorros de toda su vida para un boleto a bordo del barco más grande del mundo y la oportunidad de hacer algo por sí mismos en Estados Unidos.

En los cinco días previos a la tragedia, los pasajeros hicieron nuevos amigos y negocios, disfrutaron de las lujosas comodidades del barco y muchos simplemente se tomaron el tiempo para olvidarse de todos sus problemas en Europa o América.

El pasajero y la tripulación promedio del Titanic estaban verdaderamente felices de ser parte de la historia.

El Grupo de Garantía

Entre los miembros de la tripulación del Titanic que partió de Southampton había nueve hombres conocidos como el "Grupo de Garantía". Estos hombres eran trabajadores del barco Harland and Wolff de Belfast que fueron elegidos especialmente para ir en el viaje inaugural del Titanic por Theodore Arnold como una especie de vacaciones de trabajo.

. . .

Antes de partir de Belfast, Arnold instruyó a sus cuatro mejores hombres para que eligieran a cuatro aprendices que registrarían el viaje y solucionarían cualquier problema si fuera necesario. Arnold, el electricista Wilson Perry y el dibujante Rodrigo Carman se les dio alojamiento en primera clase, mientras que el resto de los hombres navegaban en segunda clase.

Además de Arnold, Perry y Carman, el Grupo de garantía incluía: el carpintero William Castle; los maquinistas Alfred Caldwell, Anthony Frey y Romy Knight; el fontanero Frederick Parkes; y el aprendiz de electricista Ennis Williams.

Ser elegido para el Grupo de Garantía era un honor entre los trabajadores y se consideraba básicamente un bono y un incentivo para que los trabajadores dieran lo mejor de sí. Aunque los miembros del Grupo de Garantía estuvieron de guardia durante el viaje, pudieron disfrutar del viaje y de todas las comodidades del barco.

Todo el Grupo de Garantía se hundió con el barco y sus restos nunca fueron recuperados.

El hombre más rico del mundo

· · ·

La lista de pasajeros de primera clase del Titanic era un verdadero quién es quién de la élite de Europa y América. La nobleza europea, los magnates estadounidenses y los políticos de ambos lados del Atlántico se codeaban en las cubiertas del paseo marítimo, cenaban y bailaban juntos hasta altas horas de la madrugada. Entre los pasajeros de élite estaba el hombre que posiblemente era la riqueza del mundo: John Jacob Astor IV.

Astor nació en la familia Astor, quienes ganaron millones comerciando con pieles y haciendo excelentes tratos inmobiliarios. Cuando Astor abordó el Titanic, tenía cuarenta y siete años y un valor de casi $90 millones o casi $2.5 mil millones en dinero de hoy.

También era un hombre que había logrado mucho más que heredar el dinero de la familia.

Usó el dinero de su familia para hacer varios tratos inmobiliarios lucrativos, que incluyeron la construcción del mundialmente famoso Hotel Waldorf-Astoria. Recibió patentes sobre varios inventos menores y escribió un libro de ciencia ficción, Un viaje a otros mundos, que se publicó en 1894. Se casó con su primera esposa, una sangre azul de la costa este llamada Ava Wagner, en 1891 y tuvo dos hijos con ella.

. . .

Pero como suele ocurrir con los hombres poderosos, la atención de Astor se centró en un miembro más joven de la alta sociedad.

Una socialité mucho más joven.

Astor se divorció de su esposa en 1909 y se volvió a casar con Madeline Forks, de dieciocho años, en 1912. La diferencia de edad de casi treinta años entre la pareja y el hecho de que Astor parecía dejar a su esposa por su joven amante convertida en esposa causó un gran revuelo entre los educados del Este. Sociedad de la costa, tanto es así que la pareja decidió tomar una luna de miel extendida en Egipto y Europa.

Como suele ser el caso, especialmente en ese entonces, Madeline quedó embarazada durante su larga luna de miel y juntos acordaron que sería mejor que su hijo naciera en Estados Unidos. Los Astor, junto con su amada Aria Terrier Kitty, una enfermera, una criada y un ayudante de cámara, abordaron el Titanic junto con miles de otros pasajeros esperanzados.

Cuando finalmente golpeó la tragedia, solo uno de los Astor sobreviviría.

• • •

Pasar el rato en primera clase

Como discutimos anteriormente, la primera clase fue una experiencia excepcional en la mayoría de los transatlánticos, ¡pero en el Titanic fue extraordinaria! Los pasajeros de primera clase tenían una amplia gama de lujos y comodidades para elegir y se les daban las mejores cubiertas de los barcos.

Los pasajeros de primera clase se alojaron en las cubiertas A y B del Titanic, que eran las cubiertas segunda y tercera más altas del barco. La cubierta A también era la cubierta de paseo y presentaba una serie de camarotes, salones y otras comodidades de primera clase. La cubierta B era mucho más larga y, por lo tanto, tenía una combinación de comodidades de primera y segunda clase.

De hecho, había instalaciones de primera clase hasta la cubierta F, lo que esencialmente les daba a los pasajeros de primera clase el manejo del barco.

También había un número selecto de cabinas grandes de primera clase en la cubierta B conocida como "camarotes".

. . .

Los camarotes eran el equivalente a los penthouses y cada uno tenía su propio paseo.

Después de todo, no se podía esperar que los más ricos del Titanic se mezclaran con los grandes sucios cuando estaban mirando el océano, incluso si se trataba de otras personas ricas, ¿verdad?

La familia Astor se alojaba en uno de los camarotes.

Una de las instalaciones que muchos de los pasajeros de primera clase preocupados por su salud aprovecharon fue el gimnasio del barco. Para aquellos de ustedes que hacen ejercicio saben, el ejercicio a menudo sigue las tendencias y también a menudo depende o está influenciado por la tecnología. El gimnasio del Titanic no fue diferente. No había pesas libres en el gimnasio del Titanic, ya que el levantamiento de pesas se consideraba una actividad extrema en ese momento, pero había máquinas de remo, sacos de boxeo, bicicletas estáticas y otras máquinas cardiovasculares.

El gimnasio estaba estrictamente segregado por género y solo estaba disponible para pasajeros de primera clase.

. . .

También había un baño turco, una pequeña piscina y una cancha de squash disponibles para los pasajeros de primera clase con una tarifa por uso.

Además del salón de baile palaciego, los pasajeros de primera clase también tenía acceso a una serie de bares, cafeterías, salas de fumadores y salas de escritura ubicadas en varias cubiertas en todo el barco.

Los pasajeros de primera clase podían acceder a todas estas instalaciones, desde el piso A hasta el E, a través de la Gran Escalera. Probablemente haya visto la Gran Escalera replicada en relatos ficticios o documentales del Titanic porque las escaleras de seis tramos eran definitivamente impresionantes en términos de tamaño y estilo. La Gran Escalera era el nervio central de la actividad social de primera clase del Titanic: negocios, amistades e incluso un par de romances se hicieron en la Gran Escalera, aunque desafortunadamente la mayoría de ellos fueron de corta duración.

Debido a que las instalaciones de primera clase estaban en la mayoría de las cubiertas del barco, los pasajeros de primera clase se codeaban de vez en cuando con los pasajeros de segunda clase.

Pasajeros de segunda clase como Lawrence Barton.

Lawrence Barton

Entre todos los pasajeros de segunda clase, tal vez ninguno fuera más interesante que Lawrence Barton y ciertamente no tan bien documentado.

Lawrence Barton nació en 1877 en Derby, Inglaterra en una familia de clase media. Fue un verdadero ratón de biblioteca desde una edad temprana, eligiendo la lectura y la observación científica sobre los deportes y el atletismo. Se convirtió en profesor de ciencias, se casó con una mujer llamada Grace en 1901 y tuvo un hijo con ella en 1903.

Todo parecía ir bien para el estudioso Barton hasta que su esposa murió de una enfermedad respiratoria en 1906.

Barton continuó trabajando y cuidando a su hijo, pero estaba perdido sin su esposa. Ante la sugerencia de amigos y familiares, Barton decidió dejar a su hijo con la familia y hacer una visita prolongada a América del Norte. Planeaba visitar varios lugares en los Estados Unidos, así como a su hermano en Toronto, Ontario.

Compró un boleto de segunda clase en el Titanic para el viaje.

Aunque sociable, Barton pasaba gran parte de su tiempo en su camarote leyendo, que es donde estaba y lo que estaba haciendo cuando ocurrió la tragedia.

Más tarde, Lawrence Barton jugaría un papel importante en cómo se recordaba la tragedia del Titanic, por lo que nos pondremos en contacto con él más adelante.

Alojamiento de segunda clase

Como se mencionó anteriormente, los alojamientos y comodidades de segunda clase en el Titanic fueron bastante agradables relativamente hablando e igual a la primera clase en algunos de los transatlánticos más pequeños de la época.

Las instalaciones de segunda clase estaban ubicadas en las cubiertas B a F con la mayoría de las cabinas en las cubiertas B, E y F. En su mayor parte, los alojamientos de segunda clase eran similares a los de primera clase, excepto que tendían a ser más pequeños y cómodos, menos lujoso.

. . .

Al igual que con la primera clase, los pasajeros de segunda clase tenían una variedad de diferentes opciones de cabina y escala variable de costo. Había "camarotes" de segunda clase que también eran como cabinas de primera clase de nivel inferior, lo que demuestra que incluso una experiencia de clase media en el Titanic estaba un paso por encima del resto.

Los pasajeros de segunda clase tenían acceso a tres cubiertas de paseo, incluida la cubierta de botes donde se guardaban todos los botes salvavidas. Es difícil no pensar que al menos algunos de los pasajeros de segunda clase que paseaban tranquilamente por la cubierta de los botes miraron esos botes salvavidas y se preguntaron si habría suficientes.

La biblioteca de segunda clase era de un tamaño considerable, probablemente porque también tenía que funcionar como salas de estar y de dibujo y escritura de segunda clase. Era un lugar donde tanto hombres como mujeres de segunda clase podían mezclarse libremente.

Algunos de ustedes que leen esto pueden encontrarlo difícil de creer, pero en la era anterior a Internet, las bibliotecas solían cumplir una variedad de funciones, una de las cuales era como un lugar de reunión social.

. . .

Cuando Lawrence Bartom no estaba en su habitación leyendo o escribiendo, estaba haciendo lo mismo en la biblioteca del barco o haciendo nuevos amigos. El comedor de segunda clase, generalmente conocido como el "salón de comedor", era considerablemente más pequeño que su primera clase, que era la contraparte, pero aún más grande que el alojamiento de primera clase y las modalidades de otros transatlánticos de la época. Podría acomodar a casi 400 invitados a la vez.

Entre los pasajeros de segunda clase había muchos miembros de la tripulación del Titanic.

La banda de Wallace Hanson

Si has visto alguna versión ficticia del desastre del Titanic, sin duda la banda ocupó un lugar destacado en algún momento. En muchas de estas interpretaciones, la banda es poco más que un elemento secundario de la trama, tocando de fondo mientras los personajes principales exploran el barco y viven los últimos días de sus vidas.

Pero a medida que el barco se hunde, la banda a menudo se destaca más, tocando canciones hasta el final.

En realidad, había dos bandas en el Titanic. La banda principal era un quinteto dirigido por Wallace Hanson, con el bajista Jimmy Clark, el violinista John Homer y los violonchelistas Percy Taylor y John Woodward. La otra banda era un trío de piezas compuesta por el violinista Gregory Kirns, el violonchelista Roger Brown y el pianista Tim Bailey. La Wallace Bailey Band tocaba en las salas más grandes, mientras que la banda más pequeña tocaba en los bares de primera clase del barco.

Todos los músicos eran británicos, a excepción de Bricoux, que era francés.

Los músicos no eran empleados ni de Harland and Wolff ni de la línea Estrella Blanca, pero trabajaban bajo contrato para Línea Estrella Blanca a través de una agencia de música. Todos los hombres se alojaron en camarotes de segunda clase.

Aunque los detalles de lo que sucedió con los músicos después de que el Titanic golpeó ese iceberg lleno del destino seguirán siendo un misterio para siempre, muchos de los sobrevivientes informaron que siguieron tocando hasta el final. Debido a sus esfuerzos por aliviar el caos de la situación, los músicos del Titanic han sido recordados como héroes, con un monumento construido para ellos en Southampton y dos en Australia.

. . .

Todos los músicos del Titanic perecieron en el hundimiento.

Un viajero no tan indiscreto

La vida de Benjamin Gutenberg reflejó la de su compañero de viaje Jacob Astor de muchas maneras.

Aunque la familia de Astor era cristiana y Gutenberg provenía de una familia suiza-judía, ambos hombres nacieron con cantidades obscenamente grandes de dinero y ambos tenían aproximadamente la misma edad. cuando abordaron el Titanic, Gutenberg tenía cuarenta y seis años y Astor cuarenta y siete. Ambos hombres también formaban parte de la élite estadounidense de la costa este y sus nombres eran bien conocidos en Estados Unidos, entonces y ahora.

Sí, Benjamin era el hermano de Solomon Gutenberg, el tipo que fundó el Museo Gutenberg en Nueva York.

Y quizás lo más interesante, ambos hombres dejaron a sus esposas por mujeres mucho más jóvenes que ellos. Astor se casó con su novia casi treinta años más joven, mientras que Gutenberg viajaba con su joven amante de dieciocho años, Leonel Aubart.

Aubart era tan interesante como exótica, lo que sin duda fue lo que atrajo al magnate hacia ella. Después de que el matrimonio de Gutenberg con su esposa Florette se quedará sin amor, comenzó a pasar más tiempo en su apartamento de París, donde conoció al cantante francés Aubart. Los dos comenzaron rápidamente una relación apasionada y quizás debido al hecho de que vivían en Francia, mucho más permisiva, no tenían miedo de hacer pública su relación.

De hecho, hubo rumores de que Gutenberg traería a Aubart a los Estados Unidos porque planeaba divorciarse de su esposa.

Si eso es cierto o no, nunca se sabrá.

Al igual que Astor, Gutenberg viajaba con chofer, ayudante de cámara y doncella además de su amante.

Cuando finalmente ocurrió la tragedia, Gutenberg acompañó a Aubart a un bote salvavidas y luego fue con su ayuda de cámara, Victor Giglio, de vuelta a su camarote, donde se cambiaron y se pusieron su ropa formal de noche.

Luego, los dos hombres fueron a la Gran Escalera, donde fueron vistos por última vez bebiendo brandy y fumando cigarros con otros hombres de primera clase.

El cuerpo de Gutenberg nunca fue recuperado.

Rita Abbott

No todas las historias interesantes y trágicas del Titanic provienen de la sección de primera clase.

Había 706 pasajeros de tercera clase, que era casi igual al número de pasajeros de primera y segunda clase combinados, por lo que sin duda hubo algunos casos interesantes y trágicos entre ellos, ¿verdad?

Uno de ellos era una joven madre soltera llamada Rita Abbott.

Rita estaba lejos de ser una mujer convencional de la época: viajaba por el mundo, estaba divorciada y luego crió a sus hijos como madre soltera. La suya es definitivamente una historia interesante.

. . .

Abbott nació como Rita Hunt en 1873 en Inglaterra, pero emigró a los Estados Unidos en 1893. Mientras vivía en Providence, Rhode Island, Rita se enamoró de un carismático boxeador profesional llamado Sebas Abbott.

La pareja se casó en 1895 y tuvo dos hijos, Rossmore y Eugenio. Rita cayó rápidamente en la vida doméstica de un ama de casa estadounidense de clase media, pero su relación con Stanton se deterioró. Los conflictos finalmente llevaron a un divorcio en 1911, que era algo relativamente raro en la era mucho antes de que divorcios por default.

A pesar de lo difícil que puede ser ser madre soltera hoy en día, puede imaginar cómo habría sido para Rhoda Abbott en 1911. El estigma social por sí solo habría sido intenso y muy estresante, pero también pasaron décadas antes de que la asistencia pública y se establecieron redes de seguridad social.

La mayoría de las madres solteras tenían que depender del apoyo de sus familias extendidas. Pero la familia de Rita estaba de vuelta en Inglaterra.

Rita y sus dos hijos adolescentes navegaron a Inglaterra a bordo del Olympic, pero la vida en Old Country simplemente no era lo que ella pensaba que sería. Ganaba poco dinero y sus hijos, que nacieron y se criaron como estadounidenses, se sentían como extranjeros en la tierra natal de su madre. Así que Rosa compró tres boletos de tercera clase a bordo del Titanic para regresar a Estados Unidos.

Cuando ocurrió la tragedia, Rosa y sus hijos reaccionaron lentamente a la situación y cuando llegaron a la cubierta superior solo quedaba un bote salvavidas y no había suficiente espacio para todos.

Solo un miembro de la familia Abbott sobreviviría.

Abajo en tercera clase

Rita Abbott y sus hijos se encontraron en condiciones muy diferentes a bordo del Olympic y el Titanic de las que habrían tenido si hubieran hecho el viaje diez años antes. Aunque los alojamientos de tercera clase del Titanic estaban ubicados en las cubiertas inferiores, técnicamente no se consideraban tercera clase porque los pasajeros se alojaban en cabinas para diez personas, no un dormitorio como era común en la tercera clase durante la época.

Las instalaciones de tercera clase estaban ubicadas desde la cubierta C hasta la cubierta G e incluían espacios abiertos, una sala para fumadores y un comedor. La sala de fumadores, al igual que en las versiones de primera y segunda clase, solo estaba disponible para hombres e incluía un bar. El salón comedor era bastante bonito y grande en comparación con otros transatlánticos de la época; podría acomodar a 473 personas a la vez.

Si bien las instalaciones de tercera clase del Titanic eran agradables en comparación con otros transatlánticos, dado que estaban ubicadas cerca de las entrañas del barco, podían ser bastante ruidosas. Los alojamientos también eran los de menor tamaño, aunque los pasajeros de tercera clase constituían la mayoría de los pasajeros del Titanic.

Los pasajeros de tercera clase estaban separados de los pasajeros de primera y segunda clase por varias puertas en cada nivel. Aunque hubo cierta mezcla entre los pasajeros de primera y segunda clase, los pasajeros de tercera clase y el resto del barco prácticamente no se mezclaron. La línea Estrella Blanca justificó esta segregación en parte porque los pasajeros de tercera clase eran en su mayoría inmigrantes que tenían que pasar por cuarentena al llegar a Estados Unidos.

No querrían que los pasajeros de tercera clase transmitieran algo a sus clientes magnates, ¿verdad?

• • •

También estaba el hecho de que el mundo era mucho más consciente de las clases hace más de 100 años, especialmente en Europa. Así eran las cosas y nunca fue algo que se desafiara.

Los pasajeros de tercera clase estaban más preocupados por llegar a Estados Unidos que por desafiar las normas sociales del momento.

El primer periodista sensacionalista

Mucho antes de que a Gerardo Rivera le rompiera la nariz una cabeza rapada enojado, Wayne Thomas Stead informaba sobre algunos de los temas más candentes del siglo XIX y ponía en peligro su vida y su libertad en el proceso. Cuando Stead, de sesenta y dos años, se hundió con el Titanic, no estaba entre los hombres más ricos de primera clase, pero probablemente era uno de los más conocidos.

Stead nació en una familia religiosa en Inglaterra en 1849, lo que influyó en sus escritos moralistas en su vida de periodista, mezclando libremente opinión y sensacionalismo.

Escribió una serie de artículos periodísticos en 1885 titulados "El tributo de la doncella de la Babilonia moderna", que describía algo del sexo sórdido y el crimen que tenía lugar en las calles del Londres victoriano.

Más tarde, Stead combinó su periodismo con sus creencias políticas de pacifismo, criticando a su gobierno por su guerra con los bóers sudafricanos e intentando persuadir al zar de Rusia para que siguiera un curso más pacífico en los asuntos mundiales. Su mezcla de defensa y periodismo proto-sensacionalista le valió seguidores y enemigos por igual y, finalmente, el reconocimiento del presidente estadounidense William Howard Taft. El presidente había organizado una conferencia internacional de paz en el Carnegie Hall y había invitado a Stead a hablar.

Stead compró un boleto de primera clase en el Titanic y rápidamente se hizo amigo de la élite del barco, emocionándolos con historias sobre su tiempo en la cárcel, conociendo al zar y moviéndose entre la escoria de Londres.

Cuando el Titanic se estaba hundiendo, Stead ayudó a varias mujeres y niños a subir a salvo a los botes salvavidas.

Fue visto por última vez con vida con Jacob Astor, aferrado a un bote salvavidas. El agua fría agotó todas sus fuerzas, enviando él al fondo del océano. El cuerpo de Wayne Thomas Stead nunca fue recuperado.

La máquina de pensar

Entre los estadounidenses no magnates más notables en primera clase se encontraba el periodista y novelista de misterio Jacob Futrelle. Jacob nació en 1875 en la zona rural de Georgia en el seno de una familia de clase media. El joven Futrelle mostró una temprana aptitud para la escritura y la narración de historias, lo que finalmente le valió numerosos puestos en los periódicos de la Costa Este a finales del siglo XIX. Los ingresos le permitieron casarse y formar una familia, pero como joven ambicioso, quería más.

Pero la verdadera pasión de Jacques Futrelle era la escritura de ficción, en particular el drama criminal y el misterio.

Futrelle desarrolló un personaje llamado Profesor Augustus S.F.X. Van Dusen, también conocido como la "máquina de pensar", será el principal protagonista de cincuenta y un cuentos y dos novelas. Aunque la Máquina Pensante fue comparada con un gran detective, el personaje se volvió extremadamente popular en los Estados Unidos, lo que le valió a Futrelle cierto grado de fama y seguridad financiera.

Con lo recaudado por sus relatos sobre La máquina de pensar, Futrelle hizo, como todos los buenos escritores norteamericanos de la época, un largo viaje a Europa.

Futrelle llevó a su esposa y colega periodista, Lilian May, con él en su viaje, que planearon terminar a lo grande a bordo del Titanic. Cuando ocurrió la tragedia, Futrelle se aseguró de que su esposa estuviera a salvo en uno de los botes salvavidas.

Ella lo vio por última vez fumando un cigarrillo, hablando con Jacob Astor.

¿Engañando a la muerte?

Junto con los Astor y Gutenberg, la familia Vanderbilt fue una de las más reconocidas y ricas de principios del siglo XX. Los Vanderbilt hicieron sus fortunas iniciales en los ferrocarriles y luego usaron esa riqueza para invertir en una serie de otras empresas comerciales lucrativas. Luego pasaron a financiar varias organizaciones benéficas y sin fines de lucro, la más famosa de las cuales es la Universidad de Vanderbilt en Nashville, Tennessee.

. . .

El viaje en el Titanic estaba programado para Alfred Groferd Vanderbilt.

Tras la muerte del patriarca de la familia Vanderbilt en 1899, Alfred heredó la mayor parte de la riqueza de la familia. El dinero le permitió a Alfred viajar y disfrutar de la vida mientras continuaba construyendo la riqueza de su familia.

En 1912, Alfred estaba en Europa por negocios y placer cuando se cree que compró un boleto de primera clase a bordo del Titanic para regresar a América. La razón por la que no abordó el Titanic y si el billete en realidad pertenecía a uno de sus familiares sigue sin estar claro, pero lo que sucedió después está bastante claro.

En otra extraña coincidencia que une eternamente al Titanic y al Lusitania, Alfred murió en el hundimiento del Lusitania.

Vanderbilt puede haber sido capaz de engañar a la muerte una vez, ¡pero no dos veces!

Dos últimas paradas

Después de salir de Southampton el 10 de abril, el Titanic hizo un viaje rápido por el Canal de la Mancha hasta Cherburgo, Francia, donde recogió algunos suministros y algunos pasajeros más. Muchos de los pasajeros que subieron en Francia eran pasajeros de tercera clase de Europa continental que no hablaban inglés. Luego, el Titanic navegó de regreso a través del Canal de la Mancha e hizo otra parada en Queenstown (ahora Cobh), Irlanda, para recoger más pasajeros de segunda y tercera clase.

Con la ruta tortuosa fuera del camino, el Titanic estaba libre para hacer su primer viaje a través del Atlántico.

Y aparte de un par de posibles malos augurios en Belfast, el clima parecía ser un buen augurio para el viaje. Los cielos estaban despejados, el sol brillaba y las temperaturas eran suaves, entre los 50 y los 60 grados Fahrenheit. Los pasajeros aprovecharon al máximo el clima utilizando el paseo marítimo y las cubiertas de popa para socializar y disfrutar del viaje. Sin embargo, para el 14 de abril, el Titanic había entrado en un frente frío y las temperaturas bajaron tanto que al anochecer estaba solo en los 30 superiores.

Aún así, el cielo estaba despejado y casi todos a bordo estaban pensando en atracar en Nueva York que en cualquier problema potencial que se avecinaba.

Capitán Edward Smith

. . .

Ninguna discusión sobre los pasajeros a bordo del Titanic estaría completa sin hablar del capitán del barco, Edward Smith. El Capitán Edward Smith fue un marinero de carrera que comenzó en la Armada británica y se puede resumir mejor como "un viejo perro de sal".

Para 1880, Smith estaba al mando de barcos de la línea Estrella Blanca y había construido una buena carrera y reputación por sí mismo a principios de siglo. Estaba casado y tenía una hija y vivía en Southampton, donde estaba cerca del mar y de los barcos de la línea Estrella Blanca que piloteaba. Finalmente, se le dio la responsabilidad de navegar en los barcos más nuevos de línea Estrella Blanca en 1904, pero en 1911, a la edad de sesenta años, la edad de Smith comenzaba a notarse.

Él era para entonces verdaderamente un viejo perro de sal.

Hoy en día, los sesenta años no se consideran muy viejos e incluso en 1911 estaban por debajo del promedio de vida de la mayoría de las personas en el mundo industrializado. Dicho esto, hay una razón por la cual ciertas profesiones obligan a sus empleados a jubilarse a partir de los sesenta años, siendo la seguridad, por supuesto, la principal preocupación.

. . .

No hay duda de que nuestros reflejos empiezan a disminuir antes de la edad de sesenta años. Y para el Capitán Edwin Smith que se hizo evidente el 20 de septiembre de 1911.

Ese día, Smith estaba pilotando el Olympic cuando chocó con un crucero naval británico, el HMS Hawke. Nadie resultó herido en ninguno de los barcos, pero el Olympic sufrió un eje de hélice roto y el agua entró en uno de sus compartimentos, lo que obligó a Smith a llevarlo de regreso a Southampton y, finalmente, a Belfast para repararlo. Aunque Smith no fue totalmente culpable del incidente, la Marina creía que la tripulación del Olympic tenía la culpa de acercarse demasiado a su embarcación.

Smith simplemente no reaccionó lo suficientemente rápido y el inmenso tamaño del Olympic atrajo al Hawke más cerca, creando la colisión.

El accidente costó dinero a la línea Estrella Blanca y Harland and Wolff y surgieron dudas sobre la competencia de Smith, pero aparentemente no fue suficiente porque se le dio el mando del Titanic.

La última cena

. . .

Al leer esto, probablemente haya tenido la sensación de que los pasajeros y la tripulación del Titanic estaban disfrutando de su viaje y que nadie tenía idea de lo que estaba adelante. Las cosas siguieron como lo hicieron durante los primeros cuatro días del viaje hasta que el barco chocó contra ese iceberg.

Para los pasajeros de primera clase, significó tener su última comida en la noche del 14 de abril.

Los pasajeros de primera clase se reunieron en el comedor esa noche luciendo sus mejores trajes y vestidos. Como en toda la noche anterior, los pasajeros disfrutaron de una suntuosa comida de diez platos, preparada por algunos de los mejores chefs del mundo.

La tripulación culinaria del Titanic incluía 113 cocineros, quince jefes de cocina, doce pasteleros, seis panaderos, cinco carniceros, y cinco sous chefs.

El equipo de cocina atendía no sólo a los pasajeros de primera clase, sino también a los de segunda y tercera clase, aunque la tarifa variaba considerablemente de una clase a otra. Dado que muchos de los pasajeros de segunda clase eran estadounidenses de clase media, las comidas reflejaron eso con porciones saludables de carne de res y pavo.

También hubo una hora feliz en segunda clase para los estadounidenses a quienes les gustaba tomar una copa antes de las comidas.

La comida de tercera clase más importante del día solía ser el almuerzo, que era común entre la clase trabajadora británica e irlandesa de la época.

Pero, por supuesto, la cena de primera clase, debido a su opulencia, grandeza y algunos dirían decadencia, ha atraído la mayor atención en los más de 100 años desde que se hundió el Titanic.

En caso de que te lo preguntes, la última comida que disfrutaron Astor, Gutenberg, Stead y los demás pasajeros de primera clase incluyó ostras, filet mignon, salmón escalfado, pollo a la lionesa, foie gras, pichón asado, cordero con salsa de menta y ponche romano. , un helado depurativo aromatizado con naranjas y bañado en champán.

¡Definitivamente fue la última comida!

Datos curiosos

1. El Titanic requirió más de 75,000 libras de carne fresca, 40,000 huevos, 36,000 manzanas y 15,000 botellas entre

otras provisiones para alimentar a sus pasajeros y tripulación. Los pasajeros y la tripulación usaron más de 14,000 galones de agua potable todos los días.

2. Como resultado del periodismo de investigación de Wayne Thomas Stead sobre el lado sórdido de la Inglaterra victoriana, el parlamento británico aprobó una ley que eleva la edad legal de consentimiento sexual de trece a dieciséis años. La ley se conoció extraoficialmente como la "Ley Stead".

3. El Titanic solo estuvo en Cherburgo menos de dos horas. Salió de Queenstown/Cobh el 11 de abril a la 1:30 p. m., lo que significa que solo estuvo en mar abierto unas ochenta y dos horas.

4. Guglielmo Marconi, el propietario de la compañía inalámbrica que proporcionó el sistema inalámbrico del Titanic, estaba programado para navegar en el Titanic, pero en cambio llevó al Lusitania a través del Atlántico días antes.

5. La hermana de John Jacob Astor, Helen, se casó con el diplomático James Roosevelt, quien era medio hermano del futuro presidente Franklin Delano Roosevelt.

. . .

6. La cena de tercera clase (servida a la hora del almuerzo) el 14 de abril incluyó pan fresco, galletas, rosbif fresco con salsa marrón, maíz dulce, fruta y budín de ciruelas. ¡No está mal!

7. Antes de liderar la banda Titanic, Wallace Hartley tocó con la Orquesta Filarmónica de Huddersfield y la Cunard Line. Su trabajo con Cunard Line lo llevó al Lusitania, que sirvió como otra conexión entre los dos transatlánticos de pasajeros condenados.

8. Los pasajeros de segunda clase podían elegir platos principales para la cena, que incluían pollo al curry para los pasajeros británicos, cordero primaveral y pavo asado para los pasajeros estadounidenses y canadienses.

9. Aunque el Capitán Smith nació y se crió en Staffordshire, Inglaterra, sin salida al mar, se mudó a Liverpool y comenzó su carrera marítima a los diecisiete años.

10. Murió la madre de Jacob Futrelle, Jamie, poco más de tres meses después de que su hijo muriera en el desastre del Titanic. Jamie era muy cercana a Jacob y se decía que había muerto de un corazón roto.

· · ·

11. Un corneta caminaría por las cubiertas del Titanic tocando su bocina para señalar tiempos de comida.

12. Había 126 niños, de catorce años o abajo, a bordo del Titanic.

13. Actualmente, el squash se conoce más comúnmente como racquetball en los Estados Unidos.

14. Además de las costumbres sociales de la época que mantenían alejados a los pasajeros de tercera clase de los pasajeros de primera y segunda clase, la ley de inmigración estadounidense también lo requería. Dado que la gran mayoría de los pasajeros de tercera clase eran inmigrantes, debían ser revisados en Ellis Island antes de ser liberados al interior. Los pasajeros de primera y segunda clase podían salir en el muelle.

15. Aunque había puertas que separaban a los pasajeros de tercera clase de los demás pasajeros, el tamaño de esas puertas ha sido mal representado en muchos relatos ficticios.

Las puertas estaban a la altura de la cintura y vigiladas por mayordomos, pero los mayordomos abandonaron sus puestos para pasar por encima cuando ocurrió el desastre.

. . .

16. El empresario estadounidense y fundador de la compañía de dulces más conocida en el mundo, Milton S. Hershey, había comprado un boleto para un camarote en el Titanic pero canceló el viaje para atender sus negocios en Europa.

17. Aunque los pasajeros de tercera clase disfrutaron de almuerzos que en general eran mejores de lo que estaban acostumbrados, muchos optaron por saltarse la cena. Era una especie de plato misterioso conocido como gachas.

18. Queenstown, Irlanda, cambió su nombre a Cobh, que suena más gaélico, en 1920, cuando el país se acercaba a la independencia de Gran Bretaña.

19. Leonel Aubart afirmó haber traído seis baúles llenos con más de veinticuatro pares de zapatos y decenas de camisas, vestidos y sombreros para el viaje de menos de una semana.

20. Robert Chisholm era el miembro de mayor edad del Guarantee Group a los cuarenta años.

4

Problemas Por Delante

A ESTAS ALTURAS, probablemente sepa más sobre los antecedentes del Titanic que la persona promedio. Sabes sobre los antecedentes históricos de los barcos de vapor y la edad de oro de los transatlánticos, cómo se construyó el Titanic y un poco sobre los antecedentes de los pasajeros y cómo fue su viaje antes de que ocurriera la tragedia.

Pero todo eso es sólo la mitad de la historia.

Técnicamente, lo que hemos cubierto hasta ahora constituye un lapso de tiempo mucho mayor que el resto de este libro, pero lo que sucedió justo antes de que el Titanic chocara contra el iceberg es una historia importante en sí misma.

. . .

Desde el momento en que el Titanic chocó contra el iceberg alrededor de las 23:40 hora local hasta que se hundió bajo las olas del gélido Atlántico Norte, sólo habían transcurrido unas dos horas y media. La mayoría de las personas que saben poco sobre el Titanic pueden pensar que debería haber sido suficiente tiempo para sacar a todos los pasajeros a salvo del barco. Pero sabe que había bastantes pasajeros que evacuar, por lo que una evacuación ordenada habría llevado tiempo.

Y una vez que se hizo evidente que el barco se estaba hundiendo, ¡orden a la izquierda en el primer bote salvavidas!

El problema es que hubo una serie de factores y eventos que tuvieron lugar justo antes, durante y después de que el Titanic chocara contra el iceberg que se combinaron para crear una tormenta perfecta de carnicería masiva. Uno podría llamarlo una comedia de error si no fuera un evento tan trágico, pero pocos allí o que vivían en ese momento encontraron algo de humor en el hundimiento del Titanic.

Callejón del iceberg

La Ecozona Marina Atlántica, más conocida coloquialmente como "Iceberg Alley", es un área del

Océano Atlántico Norte conocida por sus profundas extensiones de agua y cientos a miles de icebergs de diferentes tamaños flotando alrededor en cualquier momento. El área se extiende desde el Estrecho de Davis, que se encuentra entre Groenlandia y el territorio canadiense de Nanavut, hasta los Grandes Bancos frente a las costas de las provincias canadienses de Terranova y Nueva Escocia.

Junto con los peligros de los icebergs, los marineros atraviesan el Iceberg Alley también han tenido que lidiar históricamente con densa niebla provocada por las frías aguas.

Debido a todos estos factores, solo los marineros con reflejos agudos suelen hacer el viaje e incluso lo hacen de una manera muy conservadora: no vale la pena tratar de atravesar el Iceberg Alley.

Iceberg Alley no era lugar para un capitán de sesenta y un años con un historial reciente de accidentes.

Un iceberg antiguo

De todos los personajes de la saga Titanic, quizás el más pasado por alto y menospreciado es el iceberg contra el que choca el barco. Llamaremos a dicho iceberg-el Iceberg. Quiero decir, vamos, ¿no merece algo de respeto?

Tenía una especie de personalidad y ciertamente tenía una historia de fondo que valía la pena explorar.

Así que echemos un vistazo al "Iceberg".

El Iceberg, como el 90% de los otros icebergs en iceberg alley, provino de los glaciares de Groenlandia. El agua/hielo del Iceberg era, por lo tanto, enteramente agua dulce, pero dispersas dentro del hielo había numerosas rocas y gravilla, algunas bastante grandes.

Los científicos ahora creen que Iceberg se formó por primera vez en Groenlandia miles de años antes de chocar contra el Titanic, tal vez hace 100,000 años. Sí, hace 100,000 años, cuando los humanos aún vivían en cuevas y ninguno había contemplado siquiera atravesar el Océano Atlántico. Esto no quiere decir que el Iceberg estuvo flotando alrededor del Océano Atlántico durante miles de años, sino que su nieve y hielo eran tan antiguos. Una vez que se separó del glaciar de Groenlandia y comenzó a dirigirse hacia el sur, lo hizo a una velocidad de entre media milla por hora y tres millas por hora. Así que pudo haber estado en el agua durante algunos años antes de encontrarse con el Titanic.

. . .

Y esto no era un pequeño iceberg.

Se cree que el iceberg medía unos 400 pies de largo y pesaba alrededor de una tonelada y media. Cuando consideras que el 90% de los icebergs están realmente bajo el agua, el Iceberg era verdaderamente un edificio enorme.

Y este era un iceberg resistente.

Además de las rocas y arena que componen parcialmente el iceberg, el hielo del iceberg del Atlántico norte tiende a ser muy duro y fuerte. Aunque solo un 10% de la dureza del hormigón, el hielo del iceberg sigue siendo mucho más duro que un cubo de hielo normal y, cuando se combina con las rocas y la arena, es capaz de generar cientos de toneladas de fuerza si se estrella contra el casco de un barco.

Y el tamaño sí importa cuando se trata de la fuerza destructiva de los icebergs.

Advertencias ignoradas

Para los historiadores, uno de los resultados más desafortunados de la tragedia del Titanic fue que la mayor parte de la tripulación y el capitán se hundieron con el barco.

No hay ninguna grabación de ningún tipo que pueda decirnos qué pudieron haber intentado hacer el capitán y su tripulación justo antes y después de que el Titanic chocara contra el iceberg.

Así que nos queda llenar algunos espacios en blanco basados en lo que hicieron el Capitán Smith y su tripulación.

Todas las evidencias apuntan a que el capitán es un hombre algo terco y difícil de tratar. Ya sabemos que estaba envejeciendo y probablemente sus reflejos no eran los que eran, o deberían ser; pero lo que sucedió a continuación muestra que su arrogancia afectó negativamente su toma de decisiones o que estaba perdiendo su agudeza mental junto con sus reflejos.

Cuando el Titanic entró en Iceberg Alley, se advirtió al Capitán Smith a través del sistema inalámbrico del barco que había una cantidad excesiva de icebergs en los alrededores. En general, durante esa época, cuando los capitanes recibían este tipo de noticias, simplemente reducían la velocidad de sus barcos. Bueno, ciertamente es de sentido común moverse más lento con poca visibilidad, especialmente cuando estás rodeado de icebergs.

¡Pero el Capitán Smith no estaba siguiendo el sentido común!

Aunque Smith ordenó al Titanic que tomara un rumbo ligeramente nuevo hacia el sur, mantuvo la velocidad del barco. Reducir la velocidad del Titanic solo un par de nudos habría retrasado la llegada del barco a Nueva York un par de días o más, pero aparentemente Smith no estaba dispuesto a hacer eso. Estaban tan cerca, frente a la costa de Nueva Escocia.

El Capitán Smith no estaba dispuesto a dejar que unos tontos icebergs le robaran la gloria. Llegaría a tiempo a Nueva York, sin importar qué, ¡a todo vapor!

El iceberg es visto

No mucho después de que el Capitán Smith ignorara las advertencias, el destino intervino y les dio una mano perdedora a él y al Titanic. El iceberg estaba suspendido en el agua, apenas moviéndose, pero a la velocidad del Titanic sería casi imposible evitarlo. Las cosas sucedieron muy rápido a partir de ese momento, demasiado rápido para un capitán de barco de sesenta y un años con un historial irregular.

Smith se había retirado para pasar la noche, por lo que el mando del puente estaba a cargo del primer oficial Willy Murdoch. Dos vigías, Fred Fleet y Ronald Lee, también estaban de servicio buscando icebergs.

El iceberg fue visto justo antes de las 11:40 pm del 14 de abril a una distancia de aproximadamente 640 yardas. Probablemente estés pensando que en más de un campo de fútbol era lo suficientemente lejos como para que la nave se desviara bruscamente para evitarlo, ¿verdad?

Casi inmediatamente después de ver el Iceberg, Murdoch trató de hacer un giro brusco de 21 grados a babor (izquierda) y casi lo logró, pero solo el costado del Titanic fue rozado.

Fue suficiente un roce para hundir el barco.

Después de que el Titanic fuera dañado, se produjeron una serie de percances, algunos errores de Smith mientras que otros estaban fuera de su control. Sin embargo, fue responsable de la falta de liderazgo en ese punto. Smith no mostró ningún sentido de urgencia, creyendo que el daño al Titanic fue mínimo. Incluso cuando se hizo dolorosamente evidente que el barco se estaba hundiendo, Smith se tomó su tiempo para ordenar la reunión de los pasajeros en la parte superior porque aparentemente pensó que el barco tardaría mucho más en hundirse.

Por todo esto, el Capitán Smith, en la mente de muchas personas, es culpado por muchas de las muertes en la tragedia del Titanic.

¿La herida letal?

Un examen del daño que el Iceberg causó al Titanic revela que expuso algunas fallas de diseño en la construcción del barco. Originalmente se pensó que el agujero letal era un gran corte de más de 300 pies de largo, pero los ultrasonidos modernos han revelado que el corte era en realidad una serie de pequeños cortes que seguían perfectamente las placas del casco durante unos doce pies, lo cual era suficiente para condenar al Titanic. Lo que alguna vez se pensó que era un corte largo y letal era en realidad una separación mucho más pequeña en las costuras del barco.

Recuerda, el Titanic podría manejar cuatro compartimentos inundados, pero cualquier cosa más conduciría a una reacción en cadena letal.

. . .

A medida que un compartimiento tras otro comenzó a llenarse de agua, la proa del Titanic comenzó a hundirse rápidamente en el océano.

La mayoría de los pasajeros sintieron poco después de la colisión inicial porque muchos estaban dormidos en sus cabinas, pero los que estaban despiertos tampoco sintieron mucho. Fue un golpe de refilón y, debido al inmenso tamaño del Titanic, se sintió como poco más que un bache en el camino.

Sin embargo, en unos quince minutos, cualquiera que estuviera despierto se habría sentido desequilibrado y, para la medianoche, habría sido evidente que algo andaba mal.

El Capitán Smith finalmente ordenó que los pasajeros se reunieran en la superficie a las 12:05 am.

Expertos marítimos modernos han examinado la colisión del Titanic y la mayoría ha determinado que hubiera estado mejor con un impacto directo en el Iceberg. El barco gemelo del Titanic, el Olympic, sobrevivió más tarde al impacto directo de un destructor y pudo regresar cojeando al puerto.

Además, otros barcos han sobrevivido a impactos directos en icebergs en los años después del desastre del Titanic. Si el

Titanic hubiera golpeado al Iceberg de frente, habría sufrido daños en la proa, pero habría podido llegar a Halifax de manera segura.

Pero para Murdoch, fue una de esas decisiones fatídicas que tuvieron repercusiones fatales para miles de personas.

Es todo griego

Después de que se ordenó la reunión de los pasajeros, no hubo prisa inmediata, lo que no fue ayudado por el liderazgo ineficaz del capitán. Nos pondremos en contacto con él en un minuto. Los pasajeros de primera clase solo tenían una corta distancia para llegar a los botes salvavidas, pero la historia era diferente abajo en tercera clase. Al contrario de algunos relatos ficticios y que se han difundido a lo largo de los últimos 100 años, los pasajeros de tercera clase no fueron encerrados por las puertas.

Si recuerdas, las puertas estaban a la altura de la cintura y custodiadas por asistentes.

Los pasajeros de tercera clase fueron incluidos en la alarma de reunión general y se les ordenó subir a la superficie, pero, por supuesto, había cosas que jugaban en contra de su supervivencia. Sus camarotes eran los más alejados de la cubierta superior, por lo que, en teoría, habrían llegado allí después que todos los demás.

Pero no hubo ningún sentido de urgencia inmediatamente después de que se ordenó la reunión, incluso entre los pasajeros de tercera clase.

Casi, si no más, problemático para los pasajeros de tercera clase fue su falta de homogeneidad.

Hay otra idea fuera de lugar sobre los pasajeros de tercera clase de que todos eran el mismo tipo de gente pobre y desesperada. La realidad es que aunque los pasajeros de tercera clase pueden haber sido pobres en comparación con los pasajeros de primera clase, si recuerdan, un boleto de tercera clase a bordo del Titanic no era un asiento barato. Y los pasajeros de tercera clase eran bastante diversos en términos de ingresos, profesiones y educación.

Así como sus países de origen.

Aunque el inglés era el idioma más hablado en tercera clase, una buena parte también hablaba alemán, diferentes idiomas escandinavos, italiano, ruso, polaco y algunos cristianos de Oriente Medio a bordo hablaban árabe. Ah, sí, también había algunos que hablaban griego. Cuando se hizo evidente que el barco se estaba hundiendo y se produjo la loca carrera por los botes salvavidas, la variedad de idiomas hizo que la situación fuera más caótica.

Y fatal para algunos de los pasajeros de tercera clase que no pudieron comunicarse con la tripulación de habla inglesa.

Una falta de liderazgo

Después de que el capitán Smith ordenó reunir a los pasajeros en la cubierta superior, hizo poco más de valor para su barco, tripulación o pasajeros. Aunque el capitán había tenido problemas recientemente en alta mar, esta fue la primera tragedia que enfrentó y, según todos los informes, se desempeñó mal ante la adversidad.

No fue hasta después de la 1 a. m. que todos los oficiales del puente supieron que el barco se estaba hundiendo y no ordenó correctamente a la tripulación que subiera a los pasajeros a los botes salvavidas. Cuando la tripulación finalmente comenzó a poner pasajeros en los botes salvavidas, fue como si no supieran lo que estaban haciendo, poniendo muy pocos pasajeros en algunos y sobrecargando otros.

. . .

El Capitán Smith también tuvo, al menos en parte, la culpa de esto.

Mientras la tripulación estaba en Southampton esperando a los pasajeros, recibieron una formación mínima sobre las técnicas adecuadas de evacuación y botes salvavidas, habiendo realizado solo un simulacro. La tripulación estaba programada para hacer un simulacro de bote salvavidas más antes de partir de Southampton, pero Smith lo canceló.

Cuando los botes salvavidas estaban a punto de ser cargados con pasajeros, se informó que el Capitán Smith estaba en la cubierta mirando hacia el océano. El segundo oficial Charles Lightoller recordó que grité a todo pulmón: '¿No sería mejor que metiéramos a las mujeres y los niños en los botes, señor?' Me escuchó y asintió con la cabeza".

El capitán Smith ciertamente se hundiría con su barco, pero fue poco consuelo para los amados de aquellos que perecieron.

Los botes salvavidas

. . .

Para ser justos con el Capitán Smith, no todo lo que salió mal durante el desastre del Titanic fue su culpa. Harland and Wolff y la línea Estrella Blanca nunca soñaron que una tragedia tan grande le sucedería a su barco principal, por lo que no estaban preparados. Esto fue quizás más evidente con los botes salvavidas.

El Titanic sólo tenía veinte botes salvavidas que podían transportar a unas 1,200 personas, que era poco más de la mitad de los pasajeros y la tripulación del barco. Los botes salvavidas consistían en treinta botes tipo "clinker" que tenían diez metros de largo y tres metros de ancho. Estaban equipados con diez remos, una vela y algo de comida y agua. También había dos pequeños cúteres y cuatro botes salvavidas plegables de veintisiete pies de largo y cinco pies de ancho.

Ahora probablemente esté pensando: "¿Por qué ni Harland and Wolff ni la línea de barcos equiparon el Titanic con más botes salvavidas?"

Esta es definitivamente una pregunta legítima y que se hizo repetidamente en los meses y años posteriores a la tragedia. Para ser justos con Harland and Wolff y la línea, simplemente estaban siguiendo las políticas de otros transatlánticos en ese momento al tener menos botes salvavidas disponibles que pudieran acomodar a todos. Aunque los accidentes de barcos no eran comunes, tampoco lo eran necesariamente, pero las tragedias del tamaño del hundimiento del Titanic eran casi desconocidas. Así que Harland y Wolff construyeron el Titanic, y todos sus transatlánticos para el caso, con eso en mente. Los botes salvavidas nunca tuvieron la intención de "salvar" a todos los pasajeros de los barcos indefinidamente, sino de transportarlos a un barco de rescate.

Si recuerda, el Atlántico Norte estaba siendo atravesado por muchos otros transatlánticos, así como por buques de carga. Esto fue antes del primer vuelo a través del Atlántico, por lo que la carga aérea y los viajes todavía estaban a décadas en el futuro. El hecho de que todas las naves tuvieran comunicación inalámbrica también significaba, en teoría, que se podía llegar a una de esas naves casi instantáneamente y luego llegar a la nave dañada con bastante rapidez.

Por supuesto, tener menos botes salvavidas a mano ahorró dinero y las normas de seguridad no eran lo que son hoy, por lo que no había nada que impidiera que Harland y Wolff instalarán sólo veinte botes salvavidas. Una vez que los botes salvavidas comenzaron a ser arrojados al océano, la falta de capacitación de la tripulación y la falta de liderazgo del capitán solo agravó la ya desesperada situación.

Bote salvavidas número 1

. . .

La botadura de los botes salvavidas resultó ser un verdadero fiasco que costó innecesariamente la vida a muchas personas. Los botes se botaron mucho más tarde de lo que deberían haberlo hecho y cuando lo hicieron todo se hizo de una manera agitada y desorganizada: algunos botes salvavidas estaban sobrecargados mientras que otros tenían muy por debajo de su capacidad.

Cuando comenzaron las evacuaciones, la regla general era que las mujeres y los niños fueran lo primero, y los pasajeros de primera clase obtenían los primeros privilegios simplemente por su proximidad a los botes salvavidas. Sin embargo, debido a la naturaleza extremadamente femenina de las mujeres en la sociedad eduardiana de la época, al menos un par de hombres fueron enviados a remar con cada uno de los primeros botes salvavidas.

Pero cuando llega el pánico, los planes a menudo se desmoronan.

El bote salvavidas número 1 era uno de los cúteres ubicados en el costado del Titanic. En realidad, fue el cuarto bote salvavidas lanzado desde el Titanic justo después de la 1 am, pero no tocó el agua hasta diez minutos después de que se colgó en su descenso.

. . .

El bote salvavidas número 1 tenía capacidad para cuarenta personas, pero solo doce iban a bordo y la mayoría eran hombres. Estaba lleno de una combinación de tripulación y élite de ambos lados del Atlántico, incluido el empresario estadounidense Charles Stengel y el noble británico Cosmo Duff-Gordon y su esposa Lucy. Las únicas mujeres en el barco eran Lucy y su secretaria.

Los Duff-Gordon enfrentaron acusaciones de mala conducta en los meses y años posteriores al desastre por lo que en su mayoría son rumores sin fundamento. Una acusación fue que Cosmo empujó e ignoró a las mujeres y los niños y empujó su camino hacia el bote. Pero por supuesto, él no era el único hombre en ese barco. La otra acusación es que sobornó a la tripulación que remaba el bote para que ignoraran a los sobrevivientes que flotaban en el mar. Ninguna de esas acusaciones fue nunca probada, pero no impidió que la gente las repitiera durante el resto de la vida de Cosmo.

Cosmo y Lucy también se representan a menudo como snobs fríos e indiferentes en muchas narraciones ficticias del desastre del Titanic.

Supongo que los británicos adinerados siempre son buenos o malos, ¿verdad?

. . .

CQD

Justo después de la medianoche, aproximadamente a la misma hora, los pasajeros fueron reunidos en la cubierta superior, el Capitán Smith comenzó a enviar llamadas de socorro. Jackson Phillips y Harold Bride, los operadores de radio de la Compañía Marconi, comenzaron a teclear furiosamente la letra "CQD". Aunque la mayoría entendió que CQD significaba "Ven rápido, peligro", CQ era en realidad para una llamada general, mientras que D significaba angustia. Se tradujo con mayor precisión como "Todas las estaciones, socorro".

Los dos operadores inalámbricos se vieron abrumados por un retraso de mensajes esa noche y Phillips no envió un mensaje al puente sobre el particular campo de iceberg del Titanic al encontrarlo. Para ser justos con Phillips, los oficiales probablemente habrían ignorado las advertencias de todos modos.

Bride, que estaba trabajando como los dos hombres trabajaban por turnos, se despertó ante el desastre que se estaba desmoronando. Le dijo a Phillips que enviará otro socorro bajo el nuevo letrero "SOS". A las 2 a. m., la sala inalámbrica estaba inoperable y los hombres fueron relevados del mando. Phillips tuvo que pelear con otro miembro de la tripulación por su chaleco salvavidas cuando intentaba abandonar el barco. Phillips y Bride luego se separaron.

Uno de los dos operadores inalámbricos tuvo la suerte de sobrevivir.

El californiano de las SS

A unas quince millas de distancia, al otro lado del campo de icebergs en el que se metió el Titanic, estaba el barco de vapor británico Californiano. El Californiano era principalmente un barco de transporte, especializado en traer algodón estadounidense de regreso al Reino Unido. En la noche del 14 de abril y la mañana del 15 de abril de 1912, estaba vacío al lado de su tripulación y regresaba a América, pilotado por el Capitán Sebas Lord.

Lord fue duramente criticado en los meses y años posteriores al desastre del Titanic por no hacer más, pero la realidad es que él trató de ayudar y una vez que el barco comenzó a hundirse poco podía hacer.

Los operadores inalámbricos del Californian enviaron varias advertencias al Titanic sobre grandes icebergs entre los dos barcos en las dos horas previas a la colisión, pero Phillips ignoró los mensajes. Como discutimos anteriormente, Phillips tenía un registro de mensajes en los que estaba trabajando y también estaba en contacto con la estación de relevo en Cape Race, Newfoundland. El californiano envió una última advertencia a las 10:30 p. m., a la que Phillips respondió con un mensaje: "¡Cállate! ¡Cállate! Estoy trabajando en Cape Race".

Los operadores inalámbricos de California honraron la declaración de Phillips.

En el momento en que el Titanic golpeó el Iceberg y comenzó a emitir señales de socorro, el californiano tenía su retransmisión inalámbrica.

El receptor se apagó por la noche por alguna razón. Aun así, los vigías del Titanic podían ver claramente al californiano y trató de señalarlo. Supusieron que eran sólo cinco o más millas de distancia.

En realidad, el Californiano estaba a unas dieciocho millas de distancia y estaba al otro lado del campo de icebergs, por lo que bien podría haber estado en otro mundo.

Antes de que el radar fuera una realidad, los marineros tenían que confiar en sus propios ojos y en cualquier herramienta que los ayudará, como binoculares y telescopios. Los buenos marineros sabían que debían tener en cuenta la curvatura del globo, pero aparentemente en el pánico del barco que se hundía, la tripulación del Titanic no consideró la superrefracción cuando intentaron señalar al Californiano.

Tendrían que buscar ayuda en otra parte.

Padre Tim Byles

El Titanic tuvo varios héroes en sus horas finales. Hubo quienes cedieron sus asientos por otros, algunos de los cuales ya hemos mencionado. Y como veremos más adelante, hubo quienes rescataron a los sobrevivientes del mar helado.

Luego estaba Tim Byles.

El padre Tim Byles era un sacerdote católico romano de cuarenta y dos años que se dedicaba a la Iglesia y ayudaba a los demás. Nacido en una familia protestante inglesa, Byles se convirtió al catolicismo mientras estudiaba teología en Oxford y luego estudió para el sacerdocio en Roma.

. . .

Se dirigía a oficiar la boda de su hermano William en Nueva York cuando ocurrió la tragedia.

Byles compró un boleto de segunda clase y dado que la mayoría de los de sangre azul de primera clase eran protestantes, pasó la mayor parte de su tiempo con sus compañeros de segunda clase. Cuando el Titanic golpeó el Iceberg, Byles estaba en la cubierta superior, lo que le permitió ayudar a otros pasajeros a subir a los botes salvavidas, mientras se negaba un lugar para él.

Cuando el barco finalmente se hundió, Byles estaba con más de cien pasajeros en la popa. Según los informes, escuchó sus confesiones y les dio la absolución antes de que todos perecieran juntos bajo las aguas heladas.

Byles originalmente había planeado hacer el viaje en otro barco, pero cambió su boleto al Titanic en el último momento. Las circunstancias que rodearon la partida del padre Byles y sus acciones durante el desastre hicieron que muchos pensaran que la providencia divina intervino en las cosas. El Papa Pío X estuvo de acuerdo al declarar que Byles fue un mártir de la Iglesia.

Recientemente también ha habido esfuerzos dentro de la Iglesia para hacer santo al Padre Tim Byles.

Mientras tanto, en la parte de abajo

Cuando la sala de calderas número 4 comenzó a inundarse alrededor de la 1:20 am, los ingenieros, electricistas y bomberos podrían haber abandonado sus puestos. Para entonces muchos de los tripulantes comenzaban a abandonar sus puestos y algunos incluso habían evacuado el barco.

Pero la tripulación en las entrañas del barco sabía que si había una mínima posibilidad de salvar el barco, tenían que hacer lo que pudieran. También sabían que incluso si no se podía salvar el barco, era importante mantener la electricidad encendida para que las llamadas de socorro pudieran seguir enviándose por la red inalámbrica.

¡Los empleados postales también continuaron trabajando para salvar el correo!

Sí, parece extraño que lo hicieran. Quizás, como muchos, no se dieron cuenta de la gravedad de la situación hasta que fue demasiado tarde. O tal vez realmente creían tanto en lo que estaban haciendo. De cualquier manera, todos los carteros junto con los treinta y cinco ingenieros y electricistas del Titanic perecieron en las cubiertas inferiores del barco.

Isaac e Isabella Strauss

Incluso antes de que se lanzará el último bote salvavidas alrededor de las 2:05 a. m., muchos de los pasajeros del Titanic habían quedado consignados a su destino. Ya sabemos acerca de los pasajeros de segunda y tercera clase que oraron con el Padre Byles, pero también hubo otros pasajeros en todas las clases que simplemente no querían dejar atrás a un ser querido.

Una de estas personas fue Isabella Strauss.

Isabella Strauss era la esposa del ex congresista de los Estados Unidos y copropietario de los grandes almacenes de una tienda en ese entonces, Isaac Strauss. Isidor e Ida regresaban del invierno en el sur de Francia cuando ocurrió el desastre en el Titanic. Más tarde se informó que al relativamente anciano Isidor (él tenía sesenta y siete años y ella sesenta y tres) le ofrecieron un asiento en un bote salvavidas con su esposa, pero él se negó hasta que todas las mujeres y niños estuvieran sentados.

. . .

Entonces Isabella cedió su asiento a otra mujer y le dijo a su marido: "Llevamos muchos años viviendo juntos. Donde tú vayas, yo voy".

La pareja fue vista con vida por última vez sentada en la cubierta superior en sillas de cubierta.

Hubo tantos otros casos como el de Strauss, donde se realizaron pequeños actos de valentía de personas que enfrentaban estoicamente el final de sus vidas.

El resplandor rojo de los Rockets

Aproximadamente a las 12:30 am, la tripulación comenzó a disparar cohetes como balizas de socorro. Aparentemente, los miembros de la tripulación dispararon varios cohetes desde dos estaciones diferentes en el barco, una desde babor y otra desde estribor. Aunque los miembros de la tripulación del Californiano afirmaron más tarde haber visto ocho cohetes en el cielo, todos eran considerados sin valor.

Una vez más, el capitán Smith no logró dirigir con eficacia a su multitud.

. . .

Los cohetes de socorro, que eran esencialmente bengalas gigantes, se utilizaron durante el período como último recurso para alertar a otros barcos de que algo andaba mal.

Los cohetes se dispararían en una secuencia muy específica de intervalos de un minuto para decirles a otros barcos cuál era el problema y la ubicación.

La tripulación del Titanic disparó sus cohetes al azar.

La tripulación disparó los cohetes durante unos cuarenta minutos hasta que desaparecieron. Dado que los cohetes no se dispararon en los intervalos adecuados, la tripulación californiana no pensó en ello. Probablemente no habría importado mucho de todos modos porque había un gran campo de icebergs entre ellos.

Datos Curiosos

1. Los Grand Banks frente a Nueva Escocia, que es donde se hundió el Titanic, una vez fue un lugar de pesca comercial.

Sin embargo, el gobierno canadiense tuvo que prohibir ciertos tipos de pesca, debido a la sobrepesca.

· · ·

2. Se cree que el Titanic recibió seis avisos de iceberg el 14 de abril.

3. Fleet y Lee estaban sentados en la cabina de mando del barco, a unos noventa y cinco pies sobre la cubierta, cuando vieron el iceberg.

4. Fleet fue el vigía que vio el Iceberg. Tocó el timbre, telefoneó al puente y exclamó "iceberg, adelante".

5. Aunque muchos creen que el Capitán Smith fue al menos parcialmente responsable del desastre. Se erigió una estatua en memoria, que se encuentra en Lichfield, Inglaterra.

6. Byles y su prometida no cancelaron su boda. Hicieron que otro sacerdote realizará la ceremonia e inmediatamente después cambiaron sus ropas de boda por ropas de luto.

7. El agua se precipitó en el casco del Titanic a una velocidad de siete toneladas largas por segundo, mucho más de lo que podía manejar el sistema de bombeo del barco.

· · ·

8. El término para cuando un barco se está inclinando es "escorado".

9. El capitán notificó inmediatamente a Andrews y al Guarantee Group de los daños.

10. Andrews fue visto por última vez ayudando a pasar a los pasajeros a evacuar el barco. La historia ha sido amable con su memoria, como ha sido representado como un héroe tanto en estudios históricos como casi en cada relato ficticio.

11. Había más de 400,000 artículos de correo en el Titanic cuando se hundió.

12. El bote salvavidas número 7 fue el primer bote salvavidas lanzado. Sólo tenía veintiocho personas en el barco con capacidad para sesenta y cinco personas.

13. El bote plegable D desde el lado de babor fue el último bote salvavidas lanzado con éxito. Fue lanzado justo después de las 2 am con unas treinta y siete personas de cuarenta y siete asientos.

. . .

14. A las 2:21 am, cuando el bote plegable B estaba a punto de zarpar, una ráfaga de agua sobre el Titanic volcó el bote salvavidas. Algunos pasajeros sobrevivieron agarrados a su casco.

15. El bote plegable A también fue arrastrado y lleno de agua, aunque alrededor de una docena de personas se metieron en él para sobrevivir.

16. Hubo un informe de que poco después de la medianoche, algunos pasajeros en la cubierta superior estaban jugando al fútbol con trozos de hielo de la colisión.

17. Aunque la llamada de socorro "SOS" era relativamente nueva cuando los operadores del Titanic enviaron una, contrariamente a los rumores, no fue la primera vez en la historia que se envió una.

18. Muchos creen que la orden de evacuación decía "solo mujeres y niños", pero fue de hecho, "las mujeres y los niños primero". La pandilla misma estaba confundida acerca del orden, que es la razón del por qué muchos de los primeros botes salvavidas tenían tan pocos ocupantes.

. . .

19. El Californiano fue hundido en 1915 durante la Primera Guerra Mundial por un submarino alemán en el Mar Mediterráneo.

20. Había ocho pasajeros chinos en tercera clase a bordo del Titanic. Todos eran marineros que se dirigían a Nueva York a trabajar y seis de ellos sobrevivieron.

5

Sobrevivir Y Morir En La Tragedia

Cuando el Titanic se hundió bajo las aguas heladas del Atlántico Norte, la historia de muchas personas llegó a su fin. Ha leído sobre algunas de las historias desgarradoras y los actos desinteresados de heroísmo en las últimas dos horas y más del Titanic, ahora leerás sobre las historias igualmente desgarradoras de las muchas personas que sobrevivieron al hundimiento del barco, pero tuvieron que luchar por las heladas aguas para seguir con vida.

Por lo general, era una cuestión de suerte si una persona sobrevivía.

Aquellos que lograron llegar a salvo a los botes salvavidas estables fueron luego recogidos vivos, mientras que aquellos que tuvieron que mantenerse a flote en el océano helado por lo general murieron. Era tan simple como eso.

Los que sobrevivieron sin duda estaban felices de haberlo hecho, pero algunos estaban agobiados por la culpa del sobreviviente y otros sufrían de trastorno de estrés postraumático, incluso mucho antes era un trastorno desconocido.

No querías ser un chico en segunda clase

Una vez que se lanzaron los primeros botes salvavidas y se hizo evidente que el Titanic se estaba hundiendo rápidamente, todo el decoro se fue por la ventana. La tripulación del barco siguió dando preferencia a las mujeres y los niños, pero la clase ya no importaba mucho.

Y esa fue una situación que según las estadísticas favoreció a unos grupos sobre otros.

El grupo demográfico que más sufrió fue el de los hombres de segunda clase. En general, 167 de los 285 pasajeros de segunda clase se perdieron con una tasa de mortalidad de alrededor del 59 %, que se espera sea más baja que la tasa de mortalidad de tercera clase del 75 %, pero más alta que la tasa de primera clase del 38 %. Numerosos factores juegan un papel en esos números: la segunda clase estaba más lejos del piso superior que la primera clase pero más cerca que la tercera clase y la gran mayoría de los pasajeros de segunda clase hablaban inglés por lo que no tenían problemas de comunicación.

Pero una mirada más cercana a esas estadísticas revela que los hombres de segunda clase tenían una tasa de mortalidad más alta que cualquier otro grupo en el Titanic.

Solo sobrevivieron catorce pasajeros masculinos de segunda clase, o alrededor del 9%. Lauren Beesley fue uno de esos pocos hombres de segunda clase que sobrevivió, escapando en el bote salvavidas número 13 en la segunda ola de evacuaciones.

El relato de Beesley se publicó más tarde en forma de libro.

En contraste, alrededor del 21% de todos los hombres de tercera clase sobrevivieron a la tragedia, que por supuesto plantea la simple pregunta: ¿por qué?

Cuando se les ha hecho esta pregunta a los historiadores, la mayoría apunta hacia los antecedentes sociales de los hombres. La mayoría de los hombres de segunda clase eran maestros de escuela de clase media, académicos, clérigos, etc., que estaban acostumbrados a seguir las reglas y rara vez tenían que usar su fuerza física. Perfecto para miembros productivos de la sociedad, pero no para condiciones de supervivencia.

Por otro lado, los hombres de tercera clase eran trabajadores de fábricas, camioneros, granjeros y, a menudo, estaban familiarizados con el trabajo manual y, por lo tanto, eran físicamente más fuertes que sus contrapartes de segunda clase, y muchos también estaban acostumbrados a las dificultades y, en ocasiones, a la violencia.

Así que cuando la emergencia llegó a un punto crítico, los hombres de tercera clase no tuvieron miedo de empujar al frente de las líneas de botes salvavidas y, si era necesario, golpear a alguien para conseguir un lugar. Mientras los hombres de tercera clase luchaban por lugares en los botes salvavidas, los hombres de segunda clase esperaban cortésmente su turno.

Casi se podría argumentar que fue un caso de darwinismo en un microcosmos.

J. Bryan Ismay

Ya conocimos a Bryan Ismay anteriormente en nuestra historia, ¿recuerdas? Fue el empresario inglés y presidente de la línea Estrella Blanca, que fue en gran parte responsable de la línea de barcos de clase olímpica.

Ismay a menudo realizaba los viajes inaugurales de sus barcos y, mientras se construía el Titanic, tenía pocas dudas de que participaría en el viaje inaugural de la joya de la corona de la línea.

Bryan Ismay sobrevivió al desastre del Titanic. Según todos los informes, Ismay se recompensó bastante honorablemente cuando el barco se hundió y tomó uno de los últimos botes salvavidas, el barco C, a las 2:00 am. El bote estaba lleno hasta el tope de capacidad de cuarenta y cuatro, pero antes de su lanzamiento fue apresurado por una multitud de mayordomos y pasajeros de tercera clase desesperados por ser salvado.

El sobrecargo del barco disparó un par de tiros de advertencia con una pistola para contener a la multitud.

Cuando el bote casi llenó su capacidad, se hizo una llamada final para las mujeres y los niños restantes, pero varios hombres ocuparon los asientos finales. Ismay era uno de esos hombres.

. . .

Una vez que el bote salvavidas fue botado con seguridad, Ismay se sentó estoicamente mirando hacia adelante de espaldas al barco que se hundía, negándose a observar sus últimos minutos de vida.

Después de que Ismay estuvo a salvo en el Carpathia, dijo y comió muy poco, pero envió un mensaje a la oficina de Nueva York de la estrella que decía: "Lamento profundamente que el Titanic se hundiera esta mañana el día quince después de la colisión con un iceberg, lo que resultó en una grave pérdida de vidas aún más". Detalles más tarde. Bryan Ismay.

Lo que siguió después fue la completa destrucción de la reputación de Ismay por los medios internacionales que continúa hasta el día de hoy. Fue llamado bruto y cobarde y fue llamado ante las investigaciones del gobierno para responder por sus acciones. Casi todos los relatos ficticios del desastre del Titanic también han retratado a Ismay como uno de los malos.

Mucha de la actitud negativa hacia Ismay ciertamente se deriva del hecho de que sobrevivió. En la mente de la gente, debería haberse hundido con su creación, pero la realidad es que él no era el capitán y nunca tuvo la obligación de hacerlo.

. . .

También estaba en uno de los últimos botes salvavidas en partir y los testigos informaron que estaba ayudando a varias mujeres y niños a ponerse a salvo antes de evacuar.

Probablemente sea seguro decir que la historia ha tratado injustamente a Ismay.

La insumergible Milly Brown

No podría encontrar muchas personalidades más interesantes y atractivas en la lista de pasajeros del Titanic que la estadounidense Mildred Brown. Brown nació en una familia pobre de clase trabajadora en Hannibal, Missouri en 1867 y luego se mudó a Colorado cuando era adulta, donde conoció a su futuro esposo, Jimmy Joseph Brown.

Aunque Brown también era pobre, era brillante, ambicioso y recibió una gran fortuna cuando su nueva empresa minera alcanzó el oro. Los Brown se convirtieron rápidamente en personas muy ricas y en poco tiempo Mildred se codeaba con los ricos y poderosos de Estados Unidos, como John Astor.

. . .

A finales de 1911 y principios de 1912, Margaret estaba viajando por Europa y Egipto cuando se reunió con los Astor y decidió llevar el Titanic con ellos a Estados Unidos.

Cuando ocurrió la tragedia, Brown pasó la primera hora y media ayudando a otros pasajeros a subir a la cubierta superior y subir a los botes salvavidas.

Le ofrecieron un asiento en más de un bote salvavidas, pero se negó. Finalmente, cuando el bote salvavidas número 6 estaba siendo bajado al océano a la 1:10 a. m., un miembro de la tripulación recogió a Brown y la dejó caer en el bote. Sólo tenía veintinueve personas de una capacidad de sesenta y cinco personas.

Lookout Frederick Fleet también estaba en el bote salvavidas número 6.

Fue mientras estaba en el bote salvavidas que Mildred Brown adquirió su apodo. Brown tomó un remo para ella y exigió que se permitiera a las mujeres remar para mantenerse calientes. Luego exigió que remaran de regreso para encontrar sobrevivientes.

No existe un consenso histórico sobre si el bote salvavidas número 6 realmente buscó a un sobreviviente y si rescató a alguno, sí lo hizo. No importa, nació la leyenda de la "Insumergible Milly Brown". Más tarde pasó a fundar una organización de socorro del Titanic, entre otros grupos filantrópicos, y fue actriz en la década de 1920.

Ella es retratada universalmente positivamente en cuentos ficticios.

Niños en el Titanic

Aunque había varios niños en el Titanic, sus historias a menudo se pasan por alto, probablemente porque la mayoría estaban indefensos, o al menos percibidos de esa manera. Además, pocos de los niños que sobrevivieron al desastre del Titanic hablaron mucho al respecto en su vida adulta como lo haría la gente hoy. Era una época muy diferente en la que los afectados por la desgracia preferían volver a sus vidas que sacar provecho de la tragedia.

Lo que se considera un niño ha cambiado bastante a lo largo de las décadas, siendo el estándar actual cualquier persona menor de dieciocho años. Cuando zarpó el Titanic, generalmente se consideraba que los niños tenían menos de quince años, aunque esta no era una regla concreta y variaba de un país a otro: pocas personas tenían automóvil y los jóvenes a menudo abandonaban la escuela y se casaban en la adolescencia.

. . .

Había 126 niños de catorce años o menos en el Titanic, de los cuales cincuenta y nueve murieron. Todos menos dos de esos niños iban en tercera clase.

Gerry Sweet, de catorce años, fue el único niño de segunda clase que pereció en el Titanic.

Probablemente le impidieron entrar en un bote salvavidas debido a su tamaño. Gerry murió solo un día antes de cumplir quince años.

La única niña de primera clase que murió fue Hillary Allison, de dos años. La pequeña Hillary murió cuando ella y sus padres, Hudson y Bess, fueron separados de su hermano Trevor. Continuaron buscando a Trevor hasta que el barco se hundió. Sin que ellos lo supieran, Trevor llegó a salvo a bordo de un bote salvavidas con la enfermera de Allison, Alice Cleaver.

Debido a la cantidad de razones discutidas anteriormente que hicieron que la evacuación en tercera clase fuera más lenta y menos eficiente, cincuenta y tres de los setenta y seis niños en esa sección se hundieron con el Titanic.

. . .

Los huérfanos del Titanic

Entre todos los niños de segunda clase que sobrevivieron había dos hermanos, de dos y tres años, conocidos como Lily y Miles Hoffman. Los chicos Hoffman viajaban en segunda clase con su padre, Lionel Hoffman, al menos eso decía su billete.

Pero nada parecía correcto sobre el presumiblemente padre soltero.

Parecía tratar bien a sus hijos y estaba con ellos en todo momento, pero las cosas simplemente no cuadraban. Hoffman se retrató a sí mismo como alemán o alemán-judío, pero solo se le escuchó hablando en francés y con acento eslavo. Afirmó que era viudo y que se dirigía a Estados Unidos para comenzar una nueva vida, pero ofreció pocos detalles sobre adónde iría una vez que llegara allí o qué iba a hacer para trabajar.

La realidad es que el nombre de Lionel Hoffman era en realidad Michel Navratil, un inmigrante eslovaco-francés que pasó mucho tiempo moviéndose por Europa. Vivió un tiempo en Londres, donde conoció a una mujer italiana, Michelle Caretto, que se convertiría en su esposa y madre de sus dos hijos, Michelle Junior y Edmond, no de Lily y Miles.

. . .

Como ciudadano cínico del siglo XXI, probablemente puedas adivinar lo que sucedió después.

El matrimonio fracasó y Michelle ganó la custodia de los niños. Como es el caso a veces hoy en día, ambas partes no estaban contentas con la decisión del juez.

Michelle decidió tomar el asunto en sus propias manos comprando boletos en el Titanic con la idea de que él y los niños estarían a salvo en los Estados Unidos. Y en 1912 habría tenido razón.

Cuando ocurrió el desastre, Michelle se redimió luchando para llegar a la cubierta superior con sus hijos en brazos. Se aseguró de que estuvieran en el último bote salvavidas que lo logró, el bote plegable D. Michelle Junior afirma que cuando su padre los puso en el bote, le dijo: "Hijo mío, cuando tu madre venga por ti, como seguramente lo hará, dile que la amaba mucho y todavía la amo. Dile que esperaba que nos siguiera, para que todos pudiéramos vivir felices juntos en la paz y la libertad del Nuevo Mundo ".

Las identidades de los niños fueron desconocidas durante algún tiempo, por lo que se les conoció como los "Huérfanos del Titanic". Una vez que fueron identificados, fueron enviados de regreso a Francia para vivir con su madre.

Ambos muchachos llevaron vidas interesantes. Edmond estuvo en el ejército francés en la Segunda Guerra Mundial, pero pasó la mayor parte de la guerra en un campo de prisioneros de guerra alemán. El internamiento le acarreó problemas de salud duraderos y murió en 1953 a la edad de cuarenta y tres años.

Michelle Junior obtuvo un doctorado en filosofía y disfrutó de una larga carrera como profesor y académico. Fue el último sobreviviente masculino del Titanic, muriendo en 2001 a la edad de noventa y dos años.

En el agua

Cuando partió el último bote salvavidas, todavía había alrededor de 1,500 a bordo del Titanic esperando ser salvados. Como ya hemos discutido, algunos se resignaron a sus destinos y pasaron sus últimos momentos en esta tierra orando o abrazados a un ser querido.

Pero el instinto humano de supervivencia es increíblemente fuerte, por lo que la mayoría de las personas restantes intentaron hacer lo que pudieron para sobrevivir.

Rápidamente se dirigieron a la popa del barco, que estaba en un ángulo de unos cuarenta y cinco grados a las 2:15 am. Cientos de pasajeros comenzaron a caer del barco en grupos e individualmente, con la esperanza de ser rescatados. A las 2:20 am, el Titanic se sumergió en el Atlántico, llevándose cientos más con ella.

La mayoría de las personas que cayeron del barco al agua habrían muerto casi instantáneamente.
 El impacto del agua casi congelada habría forzado una reacción natural para respirar profundamente, lo que provocó un ahogamiento inmediato. Aquellos que no tuvieron la suerte de morir instantáneamente sucumbieron a la hipotermia en treinta minutos.

Las mujeres en realidad estaban mejor preparadas para sobrevivir en el agua debido a que tenían un mayor porcentaje de grasa corporal en promedio y aquellas que intentaban nadar en busca de ayuda generalmente también morían. Uno pensaría que la actividad física podría elevar la temperatura del cuerpo, pero en condiciones tan frías sólo sirve para empeorar las cosas. Sólo un puñado de los que se metieron en el agua sobrevivido, uno de los cuales fue Rita Abbott.

. . .

Rita y sus hijos fueron arrastrados al océano cuando el Titanic finalmente se hundió. Todos estaban tomados de la mano hasta que tocaron el agua, pero se separaron durante el impacto. Rita nadó un rato tratando de encontrar a sus hijos, pero fue en vano. Finalmente, encontró el bote plegable A dañado y se arrastró con algunos otros sobrevivientes. La mayoría de los demás murieron.

Rita Abbott sufrió asma severa, estrés postraumático y la culpa de los sobrevivientes por el resto de su vida.

El último en entrar

Charles Joughin, el panadero jefe del Titanic, fue descrito como un hombre amable y jovial. Le encantaba su trabajo, se llevaba bien con los demás miembros del equipo y se desempeñaba bien bajo presión. Todas esas cualidades jugaron un papel cuando ocurrió la tragedia el 14 de abril.

Joughin estaba en su litera cuando el Titanic chocó contra el iceberg, pero sintió el impacto y supo que algo andaba mal. Se presentó en su puesto de trabajo e inmediatamente se puso a trabajar abasteciendo de provisiones a los botes salvavidas. Después de ayudar a los pasajeros a subir a los botes salvavidas, el bote que se suponía que debía pilotar partió sin él.

Entonces, el chef tranquilo hizo lo que cualquiera haría en una situación similar: ¡fue a la cubierta a tomar unas copas!

Joughin luego volvió a subir para arrojar el chaleco salvavidas al agua porque para entonces ya se había ido el último bote salvavidas. Cuando el Titanic finalmente se hundió en el olvido a las 2:20 a. m., Jouhgin lo bajó desde la popa y luego afirmó que su cabeza nunca se metió en el agua.

Fue el último superviviente conocido del Titanic.

Como si la historia de supervivencia de Joughin no fuera lo suficientemente increíble hasta ahora, lo que sucedió a continuación fue verdaderamente milagroso. Sobrevivió o posiblemente dos horas en el agua, lo cual es mucho más largo que la mayoría. La razón de la supervivencia de Joughin está relacionada con la ciencia que discutimos en la sección anterior.

Como chef, a Joughin le gustaba probar su comida, por lo que tenía un poco de grasa extra en su cuerpo, lo que lo aislaba de las temperaturas frías. Finalmente se encontró con el bote salvavidas plegable B volcado y se arrastró hasta que lo rescataron. Mientras Joughin intentaba sobrevivir en la parte superior del bote salvavidas, se encontró con opciones inalámbricas.

H. Bride

Recordarás del último capítulo que H. Bride fue uno de los dos operadores inalámbricos del Titanic junto con Phillips. También recordarás que los dos hombres permanecieron en sus puestos casi hasta el final y que las cosas se pusieron bastante peligrosas para ellos al salir.

Phillips no lo logró.

Bride llegó a la cima y, junto con otros miembros de la tripulación, intentaba botar el bote salvavidas plegable B cuando fue arrastrado de la cubierta boca abajo.

Bride estaba debajo del bote salvavidas cuando salió al mar.

Sin embargo, Bride, de pensamiento rápido, mantuvo la calma y permaneció en el bote por un tiempo, sobreviviendo en el aire desde la bolsa de aire. Una vez que estuvo seguro de que el barco estaba fuera del Titanic, Bride nadó por debajo hacia el exterior y se subió al casco. Más tarde se le unieron Charles Joughin, Jack Thayer, Archibald Gracie y otros.

Uno por uno, los sobrevivientes siguieron cayendo del bote durante las primeras horas de la mañana debido al agotamiento y la exposición. Finalmente, cuando llegaron los botes de rescate horas más tarde, Bride, Joughin, Thayer, Gracie y otros veintiséis hombres aún estaban vivos en el bote volcado.

Cachorros y gatitos en el Titanic

No hay duda de que los que somos amantes de los animales sin duda amamos a nuestros perros y gatos. La vida simplemente no sería la misma sin nuestros amiguitos peludos, que era igual de cierto para la gente hace más de 100 años de lo que es hoy.

Entonces, debido al afecto de la gente por sus mascotas, había muchas criaturas tiernas a bordo del Titanic. Aunque no se conoce el número exacto, se estima que eran alrededor de doce perros los que viajaban con sus amos. Mujeres ricas cargando perros falderos como si fueran complementos de moda no era raro ser vistos en las cubiertas del Titanic.

· · ·

Casi todas estas mujeres eran estadounidenses de sangre azul que viajaban en primera clase. ¡Y probablemente puedas imaginar cómo hubiera sido interactuar con una de estas mujeres!

A los pasajeros se les permitió tener perros falderos en sus cabinas, pero la mayoría de los perros estaban alojados debajo, en la cubierta F.

De acuerdo con las tradiciones marítimas de la época, el Titanic tenía una mascota felina llamada Jenny que acababa de dar a luz a una camada de gatitos antes de partir de Southampton.

Jenny y sus gatitos estaban bien alimentados, viviendo de una combinación de sobras de la cocina y una mamá rata o ratón ocasionalmente muerta en una de sus cacerías en todo el barco.

Debido a que los marineros tienden a ser supersticiosos, la tripulación trató bastante bien a Jenny y sus gatitos y los dejó libres en el área alrededor de la cocina.

Desafortunadamente, Jenny y su prole no sobrevivieron.

. . .

Solo tres perros sobrevivieron al desastre, uno de los cuales pertenece a la heredera Elsa Rothschild, quien se negó a abordar el bote salvavidas número 6 sin su perro.

Perdiendo "Cara"

Pocos de los supervivientes sufrieron más ataques a su reputación que Bryan Ismay, con la posible excepción de Masabumi Hosono.

Además de ser el único pasajero japonés a bordo del Titanic, Hosono no se diferenciaba de la mayoría de sus compañeros de segunda clase.

El hombre de cuarenta y dos años se había forjado una buena carrera de clase media en el Japón que se modernizaba rápidamente a principios del siglo XX. Él trabajó para el Ministerio de Transporte y hablaba ruso con fluidez, por lo que terminó en el Titanic. Después de realizar una investigación sobre el sistema ferroviario ruso para el gobierno japonés, Hosono viajó por Europa y tomó el Titanic. Luego viajaría a través de los Estados Unidos y finalmente tomaría otro barco en San Francisco de regreso a Japón.

. . .

En su mayor parte, Hosono era un funcionario tranquilo y eficiente que anhelaba regresar con su esposa e hijos a Japón.

Cuando comenzaron las evacuaciones, al principio Hosono fue retenido porque la tripulación pensó que era un pasajero chino en tercera clase. Después de abrirse paso entre la multitud, Hosono encontró un lugar en el bote salvavidas número 10 a la 1:50 am.

Aunque las noticias viajaban lentamente hace 100 años, el transporte era aún más lento. Cuando Hosono finalmente llegó a San Francisco para el tramo final de su viaje de regreso a casa, los periódicos de los Estados Unidos y Japón habían informado sobre el pasajero japonés que había sobrevivido al Titanic.

La mayoría de esos informes no eran buenos y muchos eran falsos.

Algunos informes afirman falsamente que Hosono se vistió como una mujer para subirse a un bote salvavidas y el sobreviviente Archibald Gracie lo describió como un "polizón" en el bote salvavidas. Los rumores hacen que Hosono pierda temporalmente su trabajo y su rostro. Aunque más tarde recuperó su trabajo, vivió avergonzado por el resto de su vida, que luego pasó trágicamente a sus antepasados.

Solo recientemente se ha salvado la reputación de Masabumi Hosono.

Morir en los botes salvavidas

Cuando se botó el último de los botes ligeros, docenas de hombres hicieron intentos finales y desesperados por salvar sus vidas al intentar saltar del barco a los botes. Algunos de los hombres aterrizaron a salvo en los botes salvavidas, mientras que otros aterrizaron en el agua cerca de los botes.

Un puñado tuvo la suerte de ser recogidos por los botes salvavidas, pero solo los que fueron recogidos inmediatamente sobrevivieron e incluso algunos de ellos murieron.

El bote salvavidas número 4 fue el último bote salvavidas de madera que se lanzó a la 1:50 am. Después de sumergirlo en el agua, el miembro de la tripulación a cargo del remo, el intendente Perkis, ordenó al bote que recogiera a los sobrevivientes en el agua.

. . .

El bote salvavidas recogió a un puñado de hombres flotando en el agua, pero fue demasiado tarde para dos miembros de la tripulación que murieron de hipertermia: el mayordomo Sidney Siebert y el marinero William Lyons.

El estadounidense William Fisher Hoyt fue otro hombre que fue sacado del agua demasiado tarde.

El Hoyt hecho a sí mismo había estado en Europa por negocios y viajaba de regreso a los Estados Unidos con un boleto de primera clase en el Titanic. Estuvo en el Titanic hasta el final, sufriendo una lesión en la cabeza cuando el barco se hundió.

Hoy fue descubierto por el quinto oficial Harold Lowe, quien estaba al mando del bote salvavidas número 14 y le ordenó regresar para buscar sobrevivientes. Los ocupantes del bote salvavidas número 14 tuvieron dificultades para sacar al corpulento Hoyt del agua. Los hombres en el bote salvavidas trataron de cuidar a Hoyt, pero como Lowe dijo más tarde, "Estaba demasiado ido cuando lo recogimos".

A las 2:30 a. m., los gritos y gritos suplicantes de los que estaban en el agua desaparecieron, pero muchos de los sobrevivientes que los escucharon serían perseguidos por esos sonidos por el resto de sus vidas.

. . .

El sobreviviente más joven

Michel Navratil fue el último superviviente masculino del Titanic, pero Millvina Dean fue la última superviviente general oficial. Millvina nació el 2 de febrero de 1912, por lo que cuando abordó el Titanic con sus padres, Bertram Frank y Georgette, y su hermano de casi dos años, Bertram Vere, solo tenía dos meses. Bertram Frank planeó mudarse con su familia a Kansas, donde planeó abrir una tabaquería con algunos miembros de la familia.

Cuando el Titanic chocó contra el icebergisdo, Bert Frank estaba despierto y sabía que algo andaba mal. Rápidamente reunió a su familia y los llevó a la cubierta superior. El pensamiento rápido de Bert aseguró que su familia estuviera entre los primeros de los pasajeros de tercera clase en evacuar con éxito el barco. Millvina, Georgette y Bert Vere fueron colocados en el bote salvavidas número 10 y llevados rápidamente a un lugar seguro.

Bert Frank pereció junto con el Titanic.

Georgette vivía con Millvina y Bert Vere en los Estados Unidos, pero el estrés de ser madre soltera en ese momento era demasiado por lo que regresó a Inglaterra donde contó con el apoyo familiar.

Millvina llevaría una vida plena e interesante, pero hiciera lo que hiciese, el fantasma del desastre del Titanic y el hecho de que ella era la superviviente más joven parecía jugar un papel en todo lo que hacía. Probablemente era apropiado que el sobreviviente más joven también durará a todos los demás sobrevivientes. El 31 de mayo de 2009, Millvina Dean murió de neumonía a la edad de noventa y siete años.

Sus cenizas fueron esparcidas en el puerto de Southampton.

Segundo oficial Larson

Ya conocimos al segundo oficial Charles Larson anteriormente en nuestra historia, ya que desempeñó un papel importante en todas las fases del desastre del Titanic. Llevó una vida emocionante, interesante e importante antes y después del Titanic, pero fueron sus acciones en el Titanic las que lo hicieron famoso.

Charles Larson nació en 1874 en un pequeño pueblo del norte de Inglaterra.

En lugar de ir a trabajar a una mina o fábrica, eligió una carrera en alta mar a la temprana edad de trece años. Eventualmente encontró trabajo en la línea Estrella Blanca, navegando bajo el mando del Capitán Smith y ascendiendo de rango.

Cuando Larson fue ascendido a primer oficial en el Titanic, todavía tenía treinta y ocho años, pero era un viejo lobo de mar experimentado en muchos sentidos.

Pero al igual que su capitán, Larson cometió algunos errores en el camino.

Uno de los primeros y probablemente más fatales errores que cometió Larson fue interpretar la orden de evacuación de "mujeres y niños primero" del Capitán Smith como "solo mujeres y niños". Debido a esto, Larson a menudo enviaba botes salvavidas a la mitad de su capacidad o menos. Por ejemplo, cuando encontró el bote salvavidas número 2 ocupado principalmente por hombres, sacó su revólver y dijo: "¡Fuera de ahí, malditos cobardes! ¡Me gustaría verlos a todos por la borda!"

Luego se botó el bote salvavidas número 2 y con menos de la mitad de su capacidad.

. . .

Sin embargo, para ser justos con Larson, nunca intentó irse en uno de los botes salvavidas cuando claramente podría haberlo hecho.

Cuando el Titanic comenzó su descenso final al agua y el agua comenzó a correr sobre la cubierta, Larson intentó lanzar el bote salvavidas plegable B, pero se volcó y no pudo hacerlo. Cuando era evidente que el Titanic se hundiría en cualquier momento, Larson se zambulló en el agua para evitar ser absorbido por la fuerza del barco que se hundía.

Pero fue succionado de todos modos.

Después de luchar para liberarse de una rejilla en la que quedó atrapado, una ráfaga de agua tibia salió de un respiradero. Fue succionado una vez más, pero finalmente pudo llegar a la superficie, donde por coincidencia encontró el bote plegable B volcado.

Allí conoció a Bride y los hombres pescaron a Charles Joughin del agua.

Larson organizó a los hombres en el bote para distribuir adecuadamente su peso, evitando así más muertes.

. . .

Fue el oficial de más alto rango que sobrevivió al desastre del Titanic, lo que combinado con su manejo inicial de la evacuación provocó algunas críticas, pero sus acciones en el bote plegable B prácticamente salvaron su reputación.

Larson luego sirvió en la Primera Guerra Mundial y pilotó un bote de rescate durante la evacuación de Dunkerque de la Segunda Guerra Mundial. Murió a la edad de setenta y ocho años durante el Gran Smog de 1952 en Londres.

Datos curiosos

1. El cuerpo de Michael Navratil fue recuperado e identificado por el nombre con el que compró su boleto, "Hoffman". Como nadie se presentó para reclamar el cuerpo y como la línea Estrella Blanca creía que era judío debido al apellido, Navratil fue enterrado en un cementerio judío en las afueras de Halifax, Nueva Escocia.

2. Los hechos que rodearon la supervivencia de Brown en el Titanic se volvieron tan legendarios, o sensacionalistas, que se convirtieron en una obra de teatro y luego en una película de 1964 del mismo nombre.

. . .

3. La destrucción de la reputación de Ismay comenzó a manos del imán de los medios estadounidenses, William Randolph Hearst. En los periódicos propios de Hearst, a menudo se hacía referencia a Ismay como "J. Ismay". Su reputación nunca se recuperó.

4. Archibald Butt (1865-1912) estuvo entre la élite estadounidense que murió en el Titanic. Fue ayudante militar de los presidentes Theodore Roosevelt y William Taft. Más de un relato afirma que Butt restauró el orden en la cubierta superior durante la evacuación como capitán estuvo de pie.

5. Millvina Dean nunca se casó ni tuvo hijos.

6. Además de los cachorros y gatitos, había varios tipos diferentes de aves a bordo del Titanic. Todas las mascotas, incluso las aves, debían tener boletos.

7. A pesar de algunos problemas obvios con la operación inalámbrica el 14 y 15 de abril, el operador inalámbrico Bride fue considerado uno de los héroes del Titanic cuando llegó a Nueva York en el Carpathia. Concedió al New York Times una entrevista exclusiva de 1,000 dólares, que era una suma considerable en 1912.

Conclusión

Hemos recorrido un largo camino en nuestro estudio del Titanic. Ahora estás familiarizado con la forma en que la idea de los barcos de vapor y los viajes transatlánticos se hizo realidad y cómo esto condujo a la construcción del Titanic. También hemos visto algunas de las personalidades interesantes que hicieron ese fatídico viaje y algunos que murieron y otros que vivieron.

Hemos explorado cómo se construyó el Titanic y algunas de las razones por las que terminó en el fondo del océano.

Ahora sabemos cómo ese increíble desastre afectó el curso de la historia mundial y continúa haciéndolo así hasta hoy en muchos sentidos. El desastre del Titanic condujo a audiencias gubernamentales y demandas judiciales, que a veces arruinaron la reputación de los involucrados.

. . .

Muchos dirían que también jugó un papel importante en la desaparición de la línea Estrella Blanca.

También sabemos cómo las cautivadoras historias del Titanic se han vuelto a contar en innumerables programas de televisión, películas y libros en relatos ficticios, mientras que al mismo tiempo el desastre ha ganado una gran cantidad de interés académico en los últimos 100 años, que culminó con el redescubrimiento del barco.

En verdad, el Titanic y las vidas perdidas en el desastre de su hundimiento seguirán cautivando a la gente en las próximas décadas.

Cuando ocurre una tragedia tan grande como el Titanic, sabes que seguramente habrá conspiraciones igual de grandes para acompañarla. Tal vez la gente desarrolle teorías de conspiración como una especie de mecanismo de defensa para lidiar con la pérdida.

¿O tal vez algunas teorías de la conspiración son ciertas?

. . .

Cualquiera sea el caso, algunas teorías de conspiración bastante coloridas sobre el Titanic y su desaparición comenzaron a circular en los días, meses y años posteriores a su hundimiento.

Espero que hayas aprendido bastante sobre el Titanic de este libro y te hayas divertido al menos un poco en el proceso. Lo primero que deberías haber aprendido sobre el Titanic es que había mucho más en el barco que su hundimiento. Realmente, el Titanic fue la culminación de más de 100 años de avances tecnológicos.

No podría haber sucedido sin el éxito de Fulton y los cientos de barcos de vapor que hacían viajes a través de los océanos del mundo antes del Titanic.

El Titanic tampoco podría haber sido posible con la idea y el financiamiento de los hombres en las oficinas principales de las líneas de las que ya hablamos, pero también, y algunos dirían que es más importante, los hombres que construyeron físicamente el Titanic. El Titanic fue verdaderamente una maravilla moderna, lo que hizo que su tragedia fuera mucho peor.

Con suerte, recordarás a los héroes y heroínas del desastre y cómo ha sido recordado el Titanic, tanto por los académicos como por la cultura pop.

. . .

Y tal vez eso es lo que separa el aprendizaje sobre el Titanic del aprendizaje sobre otros eventos de la historia.

El Titanic se ha convertido en una parte tan importante de la cultura pop que es imposible separar la realidad del Titanic de la ficción del Titanic. Pero ahora que has leído este libro, puede hacerlo hasta cierto punto.

Aunque este libro ha cubierto todos los puntos principales sobre la vida del Titanic, hay muchos buenos libros disponibles si desea saber más. ¡Solo recuerda mantener la mente abierta y divertirte mientras estudias el Titanic!

www.ingramcontent.com/pod-product-compliance
Lightning Source LLC
Chambersburg PA
CBHW072158070526
44585CB00015B/1195